基于三支决策的空战应用研究

李　波　高晓光　著

科 学 出 版 社
北　京

内 容 简 介

空战是交战双方利用飞行器在空中进行对抗性斗争，以击落或驱赶对方飞行器、夺取战区制空权为目的一种作战形式。本书针对现代信息化空战过程中，获取信息不确定或不完全时指挥控制人员决策困难的问题，提出了一种新的解决办法。全书主要就空战过程中的目标威胁评估、目标意图识别、目标机动决策以及传感器任务调度四个典型过程进行具体研究，引入三支决策理论分别提出了相应的研究思路，以提高空战决策过程的准确性和自主性。

本书可作为相关专业高年级本科生和研究生的教材，也可作为从事运筹学、系统工程、作战指挥、武器装备论证研究的科研人员和工程技术人员的参考书。

图书在版编目（CIP）数据

基于三支决策的空战应用研究／李波，高晓光著. —北京：科学出版社，2020.11

ISBN 978-7-03-066730-4

Ⅰ. ①基…　Ⅱ. ①李…②高…　Ⅲ. ①空战-决策系统　Ⅳ. ①E844

中国版本图书馆 CIP 数据核字（2020）第 216245 号

责任编辑：陈　静／责任校对：王萌萌

责任印制：吴兆东／封面设计：迷底书装

科学出版社 出版

北京东黄城根北街 16 号

邮政编码：100717

http://www.sciencep.com

北京中石油彩色印刷有限责任公司 印刷

科学出版社发行　各地新华书店经销

*

2020 年 11 月第　一　版　开本：720 × 1 000 1/16

2021 年 4 月第二次印刷　印张：9 1/4　插页：2

字数：200 000

定价：99.00 元

（如有印装质量问题，我社负责调换）

前　言

在现代智能信息化作战的大趋势下，空战的作战形式等方面发生了很大的变化。相对于传统空战，现代空战中，信息的占有已成为决定空战胜负、掌握制空权的前提。空战过程中，信息的获取往往是不确定的和不完备的，为了占据战场优势，不确定决策成了解决问题的突破口。空战过程中的不确定性决策问题一直备受国内外学者的广泛关注。例如，应用模糊集理论、区间理论及灰色理论等方法来解决空战中的不确定问题，并取得了不小的成果。近几年，一种处理不确定性决策问题的方法——三支决策理论的兴起为不确定性空战决策的研究提供了新的研究思路。三支决策类似于三分而立的思想，符合人类认知，并广泛地存在于人类的社会生活中。例如，人们在做决定时，会根据所掌握的事物的信息做出接受、拒绝或者暂不做决定的判断。

三支决策的主要思想为将一个整体分为互不相交的三部分，对每一部分做出不同的决策。在理论研究的基础上，三支决策的应用也引起了各个领域研究学者的关注。三支决策理论已被广泛应用于医学、管理、计算机识别等领域。例如，基于三支决策的垃圾邮件过滤、基于代价敏感序贯三支决策的图像处理等。这些研究都旨在解决事物过程中的由不确定信息造成的决策代价问题。本书旨在将三支决策应用在空战过程中，以解决空战中信息不确定等因素造成的决策代价问题，避免不必要的作战损失，使我方占据作战优势。本书详细地介绍了三支决策在空战中的具体应用方法。

本书从理论和技术等角度，介绍了三支决策理论在空战中的应用，体现了三支决策在空战中的应用性和前瞻性。全书共 6 章。第 1 章为概论，对研究背景、意义以及三支决策和空战过程的研究现状进行了阐述；第 2 章为三支决策相关理论，介绍了三支决策的基本概念以及三支决策的扩展模型；第 3 章为基于直觉模糊三支决策的目标威胁评估，介绍了威胁评估基础理论以及三支决策在威胁评估中的应用方法；第 4 章为基于多类别三支决策的目标意图识别，系统地介绍了意图识别的基础知识以及多类别三支决策在意图识别中的应用方法；第 5 章为基于三支决策的飞机机动决策，系统地介绍了机动决策动作库、威胁评估和目标分配方法以及三支决策在机动决策问题中的应用；第 6 章为基于三支威胁评估的传感器管理方法，分别对相控阵雷达模型、基于三支决策的相控阵雷达驻留时间分配方法以及三支决策在相控阵雷达的任务调度应用算法进行了阐述。

本书的出版得到了国家自然科学基金(61573285)和航空科学基金(2017ZC53021)的资助。在这里，对国家自然科学基金委员会和航空科学基金委员会表示诚挚的感谢。同时，在本书的写作过程中，笔者的研究生田琳宇、韩月和范盘龙在资料的收集整理、文稿录入、插图绘制等方面做了大量工作，在此对他们的辛勤劳动表示感谢。

最后，欢迎广大学者参与该方面的研究。由于作者水平有限，书中难免有不妥之处，恳请广大读者批评指正。

作　者

2020 年 8 月

目　录

第 1 章　概　　论

1.1　研究背景与意义

1.1.1　研究背景

通俗意义上空战是交战双方利用飞行器在空中进行对抗性斗争，以击落或驱赶对方飞行器、夺取战区制空权为目的一种战争形式，通常发生在歼击机为夺取制空权，掩护陆、海军作战，其他航空兵和空降兵作战时，与敌机、巡航导弹等目标展开作战的过程中。空战主要使用机载航空机炮(简称航炮)、火箭弹和空空导弹进行，从发现敌机开始，空战的整个过程包括接敌、占位、攻击和退出等阶段。掌握了制空权将从很大程度上掌握作战的优势。因此，各国一直不惜花费大量的人力、物力和财力进行先进战斗机的研制和优秀战斗机飞行员的训练。

随着航空电子技术和以信息技术为核心的新军事技术革命的发展，信息化高技术武器装备大量投入使用，现代战争的样式发生了极大的变化，尤其是空军，其作战方式、方法更是有了深刻的变化。空战作为空军作战的主要方式，其特点和过程与传统空战相比发生了本质的变化，信息的占有已成为决定空战胜负、掌握制空权的前提。信息化空战已演变成现代空战的重要形式，形成了战机间利用数据链进行作战信息交互，协同完成多目标攻击的网络化协同空战模式。信息化空战流程描述简图如图 1-1 所示。

空战中，对战场全局态势进行准确判断，发现目标与己方战机之间的相对关系，正确分析并进行威胁评估，掌握己方单机与敌方单机之间的优势和劣势，成为集中优势力量对敌机发动有效攻击，提高杀伤率的关键，为指挥决策提供重要依据。指挥决策过程中，我方掌握的战场信息是决策的依据，因此作战过程中信息的掌握成为制胜的关键。

然而，在纷繁复杂的空战环境下，飞机隐身性能的不断提高、干扰因素的增加以及传感器本身的测量误差，导致获取到的信息不确定性也不断增加。战场获取的目标装备等信息通常是不完全、不确定的，此时，飞行员需要机载设备的辅助来进行战场环境的分析和信息的管理，进而做出合理的决策方案。然而无论是飞行员或机载设备对战场情形的感知总会存在误差，得到的信息必然存在很大的不确定性，技术上的不确定性必然会导致战术上的不确定性。这种不确定性广泛

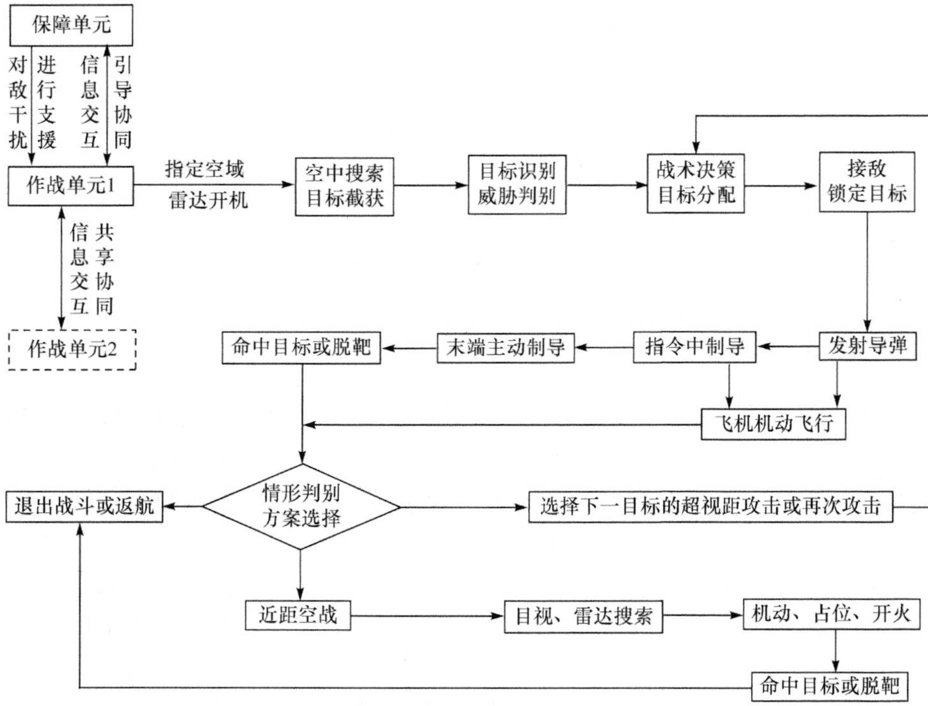

图 1-1　信息化空战流程描述图

存在于证据信息的检测环节、专家先验知识以及由此制定的推理规则等各个方面。不确定性贯穿了空战决策整个过程，空战决策若以获取到准确战场信息为前提，则必然导致决策的结果产生偏差，而决策的一点小小偏差都可能使我方在战场中处于劣势。因此在信息化条件下的空战，一方面要尽最大的可能使战场信息准确，从而做出正确决策；另一方面，也要研究不确定信息条件下的决策方法，从而提高复杂战场环境下决策的有效性，以占据战场优势。

1.1.2　研究意义

整个空战过程实际上是一个动态决策过程，在我机规避敌机攻击的同时，调整战机自身状态，以达到攻击敌机的目的，从而做到“先敌攻击”。空战决策过程中，不确定性问题贯穿始终，因此深入进行信息化条件下空战的不确定性决策问题的研究，无论对指挥员还是飞行员，在正确、及时做出判断、决策、战术选择和战机把握，提升空军的战斗力，打赢信息化条件下的战争等方面都具有十分重要的意义。

传统决策中，决策者常根据信息做出拒绝或者接受的决策。当信息不足或者不确定时，常常很难做出拒绝还是接受的准确判断，导致决策错误或者延误。姚一豫等学者近几年在 Pawlak 粗糙集和决策粗糙集基础上提出了新的决策理论——三支决策理论。在 2012 年召开的国际粗糙集联合会议上，姚一豫教授系统地介绍了三支决策理论的背景、框架、模型及应用。“三支决策理论与应用”标志着三支决策由粗糙集的三个区间的语义解释逐步发展为在一种不确定或不完整信息条件下的决策理论。三支决策是一种粒计算方法，其主要思想是将一个统一的集划分为三个两两互不相交的区域，每个区域制定不同的方案进行决策。在传统的二支决策中，往往只有接受或拒绝、是或非两种选项，但在解决很多实际问题时，强制做出接受或拒绝的决策，会付出不必要的代价或后果。例如，当信息或证据不足时，无论是接受还是拒绝都显得不太合适，也就是说，无论接受或拒绝都比不做决策代价要大。因此，三支决策引入了不承诺的决策选项，从而规避了错误拒绝或错误接受造成的损失。二支决策和三支决策各有优缺点，在信息充分或获取信息代价较小时，采用二支决策，可使得决策过程迅速、简洁。在信息不足或者获取信息需要一定代价时，更适合使用三支决策。

近年来，大量学者进行了三支决策理论的研究，应用三支决策理论解决了各领域中的不确定性决策问题，并取得了显著成果。在信息不确定的空战决策中，三支决策就是不错的选择，将不承诺与延迟决策联系起来，当信息不足以支持接受或拒绝时，进行延迟决策。待获取足够信息时，再将不承诺进一步判断为接受或者拒绝。如果信息的获取需要付出一定的代价，如时间、资金等资源，那么就需要进一步权衡利弊。三支决策的引入为提高空战决策的准确性，避免错误决策，进一步占据战场优势提供了新的可能。因此将三支决策应用到军事中来解决空战过程中的不确定决策问题具有重要的研究意义。

由图 1-1 可知，整个空战是个很复杂的过程，以搜索和攻击为主，实现“发现-攻击”。空战过程可大致概括为发现目标，对敌我目标进行评估，然后根据评估进行躲避或者攻击等决策的过程。因此本书重点研究空战中的目标威胁评估、目标意图识别、机动决策以及传感器管理四个过程，致力于提高空战决策的自主性，优化空战决策系统。第 3～第 6 章的内容分别从以上四个过程进行阐述，将三支决策理论引入，提出一种新的模型算法，以解决决策过程中的不确定性问题，并通过仿真实验来验证算法的有效性。

1.2　国内外研究现状

1.2.1　三支决策国内外研究现状

三支决策理论最早是由姚一豫教授提出的，是一种用于研究不精确、不完整信息的决策理论与方法[1]。它是二支决策的一种拓展，其主要思想是把一个集合分割成三个互不相交的区域——正域、负域和边界域，并且针对各个区域的特点为其定制有针对性的策略，为复杂问题的求解提供一个有效的策略和方法。

三支决策理论被提出以后，学术界各学者在三支决策理论和应用方面开展了深入研究。应用上，三支决策理论在医学、产品检测、邮件分类、文本检测等领域都有了成功的应用。在医学领域中，根据三支决策理论，Pauker 和 Kassirer[2]提出将医疗诊断问题分为三类：立即治疗、不需治疗和进一步检查的方案，得到了成功的应用；Woodward 和 Naylor[3]将三支决策理论应用到产品检测问题中，提出将等待检测的产品分为接受、拒绝和需进一步检测的方法；赵文清等[4]将三支决策理论应用于垃圾邮件过滤问题中，提出将未进行检测的邮件划分为合法邮件、垃圾邮件和疑似垃圾邮件三类；Li 等[5]提出将三支决策应用到文本过滤的问题中，提出一种将待检测文本文件分为相关、不相关和疑似相关文本三类；潘金山等[6]在高铁列车停站决策问题中引入三支决策理论，将待决策的站台分为设置停站、不设停站和进一步研究三类。文献[7]介绍了三支决策在多分类问题中的应用，通过在多分类问题的基础上增加延迟决策类，将 m 个分类问题转变为 $m+1$ 个问题，这样就减少了误分类代价损失值，降低了解决实际问题的难度，提高了决策系统的说服力，使得一个决策对象不会被同时分类到其他类的正域，进而使得最终的决策结果不存在冲突和冗余。

在三支决策的理论研究方面，也有很多成果。刘盾和梁德翠[8]总结了近年来三支决策理论的发展，将其划分为四个层次，从不同的角度对各个层次进行了分析。第一个层次是三支决策的基础，即经典的决策粗糙集模型，在该模型中，损失函数是确定并且唯一的。在第一个层次的基础上，考虑到环境的不确定性，三支决策得到了发展，采用随机值、区间值或者模糊值等不确定形式来描述损失，在这个基础上分别提出了相应的三支决策模型。而第三个层次又将决策时的环境从静态拓展到动态，提出了动态三支决策、多代理三支决策、序贯三支决策、多粒度三支决策、多论域三支决策等模型。第四个层次则考虑了更为一般的三支决策模型。

在三支决策理论的主要研究中，有几个问题是研究的重要方向。比如在决策粗糙集模型的理论研究中，其阈值的确定是一个很重要的研究方向。决策粗糙集模型本质上是概率粗糙集的特殊情况，只要能够给出代价函数，根据贝叶斯理论，就可以确定该模型所需的阈值。但是实际应用中，决策粗糙集模型所需要的代价函数都是有明确语义的。一般的学习过程中，由于先验知识的缺乏，只能根据实验或者估计的方法来确定损失函数值，所以，代价函数的确定很困难，并且决策粗糙集模型需要 6 个代价函数值，这就使得问题变得更为复杂。所以阈值的确定对于基于决策粗糙集的三支决策来说，是一个很重要的问题，针对该问题，许多专家学者做了研究。贾修一等提出了一种自适应求三支决策阈值的算法[9]，在计算决策阈值时，将样本的概率集作为搜索空间，在其中选择恰当的值，使得以该值为边界阈值时的决策损失总和最小。贾修一和商琳在自适应算法的基础上，提出了一种基于模拟退火算法的三支决策阈值求解方法，与自适应算法相比，使用条件概率集作为搜索空间，能更快地学习到合适的决策阈值[10]。陈刚等在自适应算法的基础上提出了一种基于网格搜索的最优阈值生成算法，该算法也是以决策风险损失模型为基础，以网格空间为搜索空间，在其中快速找到最优坐标点，使得基于该值的决策损失函数值最小[11]。

最近几年，将直觉模糊集与粗糙集理论相结合的方法逐渐成为不确定决策与知识发现的研究热点。2003 年，Cornelis 等[12]首次把直觉模糊集理论和粗糙集理论集成起来。2013 年，Huang 等利用粗糙集方法，研究区间直觉模糊信息系统的知识获取和规则提取方法[13]。2015 年，Liang 和 Liu 使用直觉模糊数描述代价函数，提出了决策粗糙集的直觉模糊三支决策方法[14]。2018 年，刘久兵等基于贝叶斯决策过程建立了直觉模糊信息系统下的三支决策模型[15]。可见，有关直觉模糊集和粗糙集的集成方法研究具有很好的发展前景和意义。因此，书中采用了基于直觉模糊集的三支决策方法对空战威胁评估问题进行研究。

总的来说，三支决策在处理不确定问题和模糊性问题时具有很大的优势，这也是三支决策理论的出发点和立足点。在当前研究中，主要是将三支决策应用于日常或经济生活中，因此，将三支决策应用到军事问题，开拓新的研究领域具有重要意义。而且三支决策在单分类问题中得到了很好的应用，理论基础也很完善，说服性比较强。随着三支决策理论的不断应用和拓展，三支决策也开始在多分类问题中使用，但仍属于探索阶段。因此进一步进行该方向的研究具有重要意义，书中构建了一种多类别三支决策模型对目标作战意图进行识别。

1.2.2　目标威胁评估国内外研究现状

国外关于威胁评估的技术发展十分迅速，在理论研究和算法设计上都有了很大的进展。首先是理论研究方面，美国国防部提出了 JDL 模型[16,17]，该模型认为威胁评估的目的在于推理敌方目的以及意图，量化敌方对我方的威胁程度；而 Lambert[18]则认为，威胁评估就是评估当前态势对我方意图的影响，用机会和威胁的概念来解释现实世界。在推理算法研究方面也有很多相关的研究，Wright 等[19,20]把贝叶斯网络用于威胁评估，贝叶斯网络虽然能有效解决不确定性问题，但其局限性在于对输入数据的要求较高，需要了解事件的先验概率和条件概率，计算量较大，也比较复杂，不具普适性；Stover 等[21]提出了将模糊推理方法用于多传感器数据融合，模糊推理方法能够表征目标的模糊性，且易于实现，不过这种方法存在的问题是不能表征目标的随机特性，导致其结果的准确度只在部分范围内有效；Benavoli 等[22]提出了基于证据网络的威胁评估方法，该方法构建了威胁目标的识别框架，采用证据理论的信任函数来表示实体的不确定性，但是如果存在证据冲突，那么就会推理出不合理的结果；Gonsalves[23,24]将遗传算法引入威胁评估问题中，采用遗传算法预测敌方行为，但是遗传算法会受到迭代次数的限制，不能保证结果的准确性，并且也存在收敛性问题，不能保证实时性。

国内学者关于威胁评估问题的研究也产生了很多成果。曲长文等[25]将多属性决策理论应用到威胁评估问题中，提出了将隶属度函数和 TOPSIS(technique for order preference by similarity to ideal solution)方法相结合计算目标威胁度的方法；周林等[26]结合 9 级量化理论和线性加权法来计算目标威胁值；张堃和周德云[27]将熵值法引入威胁评估问题，提出了一种基于熵的 TOPSIS 威胁评估模型，这种模型用信息熵法计算目标的属性权重，能够避免主观确定属性权重的方法所存在的不足；张肃[28]将灰色理论引入威胁评估问题，根据灰色关联度来确定目标威胁程度并排序，这一应用不仅为威胁评估问题的解决提供了新的思路，还拓宽了灰色理论的应用领域；余舟毅等[29]提出了基于贝叶斯网络的威胁等级评估算法研究，算法以观测到的事件作为证据，根据贝叶斯网络的证据传播和推理算法来更新网络中事件的信度，以判断敌方目的；王向华等[30]应用径向基神经网络解决威胁排序问题，该方法能够进行自适应学习，但缺陷是对于样本的数量和准确性有一定要求；李特[31]考虑到信息不完全，将战术意图和指标变权确定方法引入空战威胁评估中，但对于战术意图和威胁评估之间的联系分析不够透彻，使得基于战术意图的威胁评估模型缺乏充分的理论基础；付涛和王军[32]考虑到信息不完全，将战术意图和目标类型引入空战威胁评估，并针对定性指标和定量指标的不同特性，提出了一种用贝叶斯网络处理定性指标，用隶属度函数处理定量指标，最终使用层次分析法确定权重，求出总的威胁值的方法。徐志伟等[33]构建了基于层次分析法和灰度关联分析的目标威胁程度排序模型，并验证了该模型的可行性。韩城等[34]先利用人工神经网络的强泛化能力处理目标的定量信息，得到目标的动态威胁值；然后利用贝叶斯网络的强推理能力处理不确定性的定性指标，得到静态威胁值；最后通过线性加权两种威胁值得到目标的综合威胁值。郝秦芝等[35]提出了网络分析法的威胁评估模型，根据来袭目标的攻击意图以及最大威判距离划分威胁等级，并依据网络分析法构建评估体系，对一级威胁目标分配威胁值。王芳等[36]构建了基于回归型支持向量机的空中目标威胁值评估模型，确定了基于粗糙集理论的空中目标威胁因素，并建立了数据离散化、归一化的标准。

综上所述，目前对于空战威胁评估的研究大多基于威胁因子的选取和处理方法，而对于威胁评估的结果，所采用的决策往往是二支决策，决策者必须凭借已知信息马上做决定，对于威胁值高于某阈值的目标，采取打击的攻击策略；对于低于该阈值的目标，采取放弃打击的策略。这种决策结果是非此即彼的，如果当前已知信息不够，不能够进行决策，那么决策者只能做出不正确的决定。而三支决策提出了边界域的含义，可以把难以马上做决定的判断对象转移至边界域中，以待下一步的决策。当获取足够信息时，再将边界域进一步判决为接受或者拒绝。本书第 3 章中采用基于直觉模糊集的三支决策方法，对目标所属的区域进行分类，针对不同的区域提出对应的后续决策方案。书中从全新的角度来研究威胁评估的问题，希望能给解决本领域的问题提供新的思路和途径，对于求解空战威胁评估问题是很有意义的一次探索。

1.2.3　目标意图识别国内外研究现状

现代空战瞬息万变，形式各样，作战目标种类多样，并且还掺杂着各种欺骗和干扰，所以想要识别敌方目标作战意图，实属非易。然而，识别出敌方作战意图的好处也是非常明显的，明确了目标的作战意图，也就等于掌握了目标作战动向和敌方作战趋势，我方决策者就会根据这些意图信息采取针对性的决策方案，以达到御敌制胜，决胜千里的目的。

作战意图识别在层次上分为战略意图识别和战术意图识别，战略意图识别是一个极为主观的分析过程，所以现有的大多数研究都集中于战术意图识别。文献[37]～[39]在识别目标意图时，首先收集大量的领域专家先验知识构建基于模板匹配的意图识别知识库；然后以规则的形式来表示目标行为状态与意图的关系，一旦目标状态满足某种规则，则触发事件检测，进而进行意图匹配；最后依据意图推理机推理得出目标作战意图。文献[39]利用专家知识和贝叶斯概念构建基于专家知识的贝叶斯意图识别网络，将贝叶斯网络作为意图推理机使用。在网络中将网络节点表示成目标特征，有向弧表示推理关系，条件概率则表示关系强度，即推理关系的可信度，该方法可以较好地表达目标状态特征与具体意图之间的关系，缺点是需要大量专家经验以及难以对先验概率进行量化。文献[40]和[41]使用神经网络进行战术意图识别，利用神经网络自学习和自适应的能力，自主地从训练样本中学习意图匹配规则，并将学习到的知识存储在网络权值中，以此来预测测试样本的意图。该方法的优点是可以自主学习意图识别规则，并不需要充足的专家先验知识；缺点是如果网络层数较少，则难以处理比较复杂的意图识别问题，且对带有欺骗性的意图识别准确度不够。文献[42]介绍了意图识别在防空领域中的应用，防空反导体系中经常会处理一些多源信息问题，为了解决这些多源信息对意图的影响，文献中引入了一种新的置信规则库识别模型。该模型先将传统的每一条经验知识抽象为单独的一条规则；然后利用差分进化算法对初始的置信规则库模型进行优化学习，并得到更新后的模型；最后使用新模型对防空目标进行意图识别，为防空反导体系中的目标意图识别提供了参考和借鉴。文献[43]在传统贝叶斯推理的基础上运用分层思想来解决海战场上空中目标意图识别问题，从海战这个特殊的战场来研究意图识别问题。首先将意图空间分层为两大类，并根据兵力和装备的战损情况将目标意图分为这两大类中的一类；然后再根据其他信息继续细化已分好的这一大类。经分析，分层识别有效简化了识别过程，在运算量和效率上优于一般的贝叶斯意图推理方法。

综合分析意图识别的现状可知，目前无论是国外还是国内，意图识别的方法主要还是集中于模板匹配、贝叶斯方法和神经网络这三类，其他用于意图识别的方法和模型依然很难见到，究其原因就是意图识别过于依赖先验知识。因此，先验知识的完整性和准确性决定了意图识别的可信度。为解决上述问题，本书引入三支决策理论，构建多类别三支决策模型进行目标意图识别。

1.2.4　机动决策国内外研究现状

机动决策是近距空战的关键,最优的机动动作有利于我方掌握空战的主动权，这对消灭敌方有生力量、获取战场制空权有着至关重要的作用[44-49]。空战机动的研究和发展随战斗机的发展而变化，与战斗机的空战性能和作战模式相关。在早期，交战飞机攻击敌方的主要武器是航空机炮，攻方为了安全起见，都会在敌方尾后通过减小敌我距离来进攻对手。相反，守方则会采取增大敌我距离，不断摆脱攻击机追踪的方式来保护自己。因此，早期的空战决策较为简单。20 世纪七八十年代，随着机载探测能力和空空导弹性能的发展和改进，航炮的作用不断降低，新一代战机很少再需要做近距离缠斗的机动决策,所以机动决策的研究有所停滞，但仍陆续有一些新方法被提出，比如专家系统法、生物搜索算法和神经网络等智能方法[50-53]。到了 21 世纪，隐身技术越发成熟，越来越多的国家开始研发和装备使用隐身飞机，如美国的 F22、F35 战斗机，俄罗斯的 T50 以及中国的歼 20 等。隐身飞机的出现和其难以探测的特点使得近距离空战缠斗再次成为可能，因此空战机动决策又开始成为研究热点。

文献[54]使用基于深度强化学习的知识进行自主机动决策，使飞机通过感知环境来学习机动策略。文献首先对空战环境进行建模以模拟实时情况；接着定义了几种常见的基本机动动作；然后为影响机动的几个主要因素(速度、高度、距离和角度)设置不同状态下相关的惩罚值和奖励值，利用能量可操作性理论为飞机机动构建评价函数；最终通过评价函数来选取最优的机动动作。文献[45]通过贝叶斯理论有效评估空战双方的相对态势，根据态势评估结果自适应调整机动决策因素的权重使目标函数更加合理，并确保我方的优势情况。为了解决空战的高动态性和不确定性，增强机动决策系统的鲁棒性和有效性，使用模糊逻辑来构建影响机动决策四个主要因素的因子函数。最后，在使用基本机动方法的基础上预测敌方目标飞行轨迹，运用移动视线法策略对整个空战进行建模。文献[55]将直觉模糊集理论和博弈论相结合以应对不确定环境下的无人机空战机动决策问题。首先对可选的无人机机动方案进行基于直觉模糊的多属性评估；然后得到与机动博弈相关的直觉模糊集支付矩阵，并建立纳什均衡条件以满足直觉模糊全序关系，同时构建了求解不确定环境下纳什均衡的规划模型。此外，采用加入了遗传代数自适应策略和个体控制参数的改进型差分进化算法，并对模型进行求解。文献[56]从多机空战的角度来考虑机动决策问题，以我机接敌前的一段时间为背景，从态势函数评估、多目标分配和目标收益与重要性系数比重三个方面出发对现有的空战机动策略进行改进。将空战态势评估用威力势场代替，充分发挥我方对多目标的进攻能力，把攻击资源分配和雷达处理多目标的能力纳入考量范围，最后使用有限外推和粒子群算法解指标函数，得到最优控制机动动作的变量。

综合机动决策的研究现状，无论采用何种方法对机动决策进行建模计算，都需要构建影响机动决策的四大要素：角度、高度、距离和速度的评价函数以及相关的权重分配。因此，相关要素因子评价函数和权重分配的建模是进行机动决策判断的基础和重点。

1.2.5 传感器管理国内外研究现状

传感器管理包括多个方面，本书主要就相控阵雷达任务调度和资源管理两个方面进行研究。

相控阵雷达的任务调度模块主要分为两个部分：一是任务优先级规划，二是调度策略，二者一同决定着雷达任务的分配。在最先出现的优先级规划算法中，会针对任务类型的不同为其指定相应的优先级，当对任务进行调度时，任务优先级不会发生改变，所以传统算法的适应能力较差，雷达性能也差。后来提出了一种截止期最优先算法(earliest deadline first，EDF)[57,58]，该算法以任务截止期作为优先级的唯一确定条件，使任务根据其紧急性排序，提高了雷达的性能，但这种算法的缺点也是显而易见的，首先是判断条件过于绝对，其次是任务的紧急性并不能完全代表其重要性，所以当面对较为复杂的情况时，截止期最优先算法不能做出合理的判断。之后，文献[59]和[60]提出了一种任务的优先级由专家确定，并且在调度时始终不发生改动的方法。该方法存在的问题也是优先级的判断条件过于单一，一旦工作方式确定，任务的优先级就不再改变，不能适应更为复杂的情况。文献[61]和[62]提出了将雷达工作方式的优先级与雷达任务截止期相结合的调度算法 HPEDF(high priority and earliest deadline first)，即把这两个因子投影到一个层面，然后计算其综合优先级，之后再对雷达任务进行调度。文献[63]和[64]对HPEDF 算法进行了仿真，通过仿真验证了综合考虑多种因素的算法的调度性能要明显优于只考虑一种因素的算法。文献[65]和[66]对时间窗在调度算法中的应用进行了理论研究和实验验证，证明了其能够使任务的执行时间点在任务期望执行时间点的一定范围内移动，大幅提高任务的调度成功率。

以上研究都为调度算法的推动做出了努力，并且逐步证明根据多种因素确定任务优先级，得到的结果更能够适应复杂的情况，从而提高雷达性能。但是这些算法也都存在一个相同的问题，即并未充分利用目标的先验信息，这意味着现有调度算法在确定任务综合优先级时考虑的因素不够完整，雷达性能还有一定的提升空间。考虑到该问题，文献[67]将 BP 神经网络引入自适应调度算法中，根据跟踪状态下目标的运动状态和跟踪情况确定其调度优先级，提高算法的自适应能力。文献[68]和[69]将目标威胁程度引入综合优先级的计算过程中，根据目标属性计算威胁程度大小，并使其作为关键因素加入相控阵雷达的调度算法中，使目标威胁度与工作方式、任务截止期一起进行综合优先级规划，能够使跟踪任务优先级随着目标威胁度的变化而变化，提高了相控阵雷达对于目标的跟踪性能。对该算法进行分析后发现，因为只有跟踪任务和失跟任务才涉及目标威胁度这一概念，所以这种算法在一定程度上，不考虑目标所属威胁区域就强制性提高这两种调度任务的优先级，这种情况对于另外两种调度任务(搜索任务和确认任务，不涉及威胁度的概念)来说，是不公平的。因此，本书第 6 章提出了一种基于三支决策的雷达自适应任务调度算法，将威胁评估的三支决策结果引入综合优先级的确定中，根据三支决策的结果确定目标所属的威胁区域，根据目标所属威胁区域的不同将目标威胁度做不同的处理后，再将威胁度作为参数确定任务的综合优先级。

相控阵雷达资源管理可分为基于能量的分配管理和基于时间的分配管理两类。Yu 等[70]针对多输入多输出(multiple-input multiple-output，MIMO)雷达的压缩感知协同定位研究了功率资源分配算法，利用了压缩感知矩阵的重构与正交化来实现功率资源的分配。Godrich 等[71]对以克拉默-拉奥下界(Cramer-Rao lower bound，CRLB)为优化量的总波束功率最小化方法做了研究，同时提出一种给定总功率情况下的分配优化算法，可将克拉默-拉奥下界最小化以提高跟踪精度。Rashid 等[72]对线性与非线性感知系统中的功率分配做了研究，提出了针对静止目标和动目标跟踪两类情形的传感器功率分配方法，将跟踪误差作为优化对象，提出了以提升跟踪精度为目的的功率分配理论，通过功率资源的合理分配提高系统跟踪性能。但是，其理论背景建立在固定目标的功率分配问题上，无法应用于实际作战中的空域目标跟踪，因为目标的位置在实际中往往需要由量测结果来预测判断，并要求预见性地分配系统资源。上述资源分配方式均没有考虑目标威胁度等因素在资源分配中的影响。因此第 6 章中将引入威胁评估对资源分配的影响，提出一种新的相控阵雷达资源管理方法。

1.3 本章小结

本章首先介绍了空战过程中的不确定环境，以及研究空战中不确定性问题的重要意义；然后介绍了一种解决不确定问题的理论——三支决策，并将三支决策理论应用到目标威胁评估、目标意图识别、机动决策以及传感器资源管理四个过程中；最后介绍了以上理论和四个过程的国内外研究现状。三支决策理论的具体理论以及提出的应用算法将在之后的章节中进行介绍。

第 2 章　三支决策相关理论

三支决策理论是在 Pawlak 粗糙集和概率粗糙集理论基础上由姚一豫教授提出的，该理论在传统的二支决策中加入了延迟决策，将原有论域一分为三，这样拥有充分信息的属性对象会被迅速分类，而信息数据证据不足以正确分类的属性对象则等待以进一步区分，暂时延迟处理。该决策方法以人和机器决策的区别为出发点，考虑到机器决策非黑即白的决策结果不能处理复杂的不确定性问题的缺点，通过引入延迟决策，将决策论域一分为三。三支决策的主要思想就是参考了人类对于复杂问题的认知过程，人在处理复杂问题时，对于较为容易的问题会很快得出结论，对于复杂问题则会反复思考、来回纠结，甚至会因为信息不足而延迟决策或者不决策，如若有条件，则会等待新的信息做进一步分析，这个认知过程的决策不像机器一样苛刻死板。因此，三支决策理论可以较好地处理复杂问题和不确定性问题。

2.1　三 支 决 策

2.1.1　三支决策基本思想

多策略是人类认知和问题求解的一个重要特征。经过长期的实践和搜索，人们取得了大量多样的方法与策略，以求解不同的问题。很多策略具有普适性，可以用于解决不同问题。分治法(divide and conquer)就是这样一个普适性的策略。分治法可以认为是还原论(reductionism)的一个具体实现，可以从两个过程理解。自顶而下，我们将一个问题分解成为一组小问题，再将小问题分解为更小的问题，一直分到我们有能力处理为止。自底而上，我们通过求解局部小问题，逐渐解决整个问题。通过分治法，可以简化复杂问题的求解。

在分治法中，怎样分和分成多少个单元是最基本的问题。就这个问题来讲，三支决策和分治法密切相关。三支决策的主要思想是三分而治，即将一个整体分为三个部分，并采用有效的策略处理三个部分。三分而治中三的选择是基于心理学和认知科学的一个重要结论。由于工作记忆(即短期记忆)的限制，我们只能有效地处理几个单元的信息。三支决策中的“3”恰好满足了这种限制。三支决策中的决策是指设计不同的策略去处理 3 个部分。因而，可以理解为治略。

有效的策略既要考虑到每个部分的个性，也要考虑到两个或三个部分的共性与差异性。

作为一个奇妙的数字，“3”在人们日常生活和工作中发挥着很重要的作用，三支决策是三元或三值思维，也可以理解为以三个粒为基础的一个粒计算模式。三元思维采用三个选项，从而走出了经典的二值、二元或两级思维的圈子和制约。三元思维使我们能从对/错、好/坏、阴/阳、黑/白、左/右、上/下、过去/将来等走向对/中/错、好/中/坏、阴/中/阳、黑/灰/白、左/中/右、上/中/下、过去/现在/将来等。从一对对立的两极，走向一个两两相互支持的三元结构。不难发现，三分而治和三分法广泛使用，例如：

(1) 交通管理中三个颜色信号灯，红灯表示禁止通行，绿灯表示准许通行，黄灯表示警示；

(2) 将事件发展过程划分为起初、经过、结尾；

(3) 将一个学科的发展过程分为三个时代；

(4) 在产品设计和市场营销中，常常采用产品的三种版本或款式；

(5) 将实数定性地分为正、负、零三个域；

(6) 基于高、中、低收入的税收政策；

(7) 人事管理中的老、中、青三个梯队；

(8) 对某种观点的接受、拒绝和不承诺；

(9) 投票中的赞成、反对和弃权选项；

(10) 按照短期、中期和长期目标制定计划；

(11) 写作中，常常将文章分为引言、正文和结论；

(12) 文章中每一段由一个起始句，数个支撑句，和一个结束句或结论组成；

(13) 讲演中的开场白、正题和结束语。

从很大程度上讲，三分而治是一种指导思想。对于具体问题，需要建立不同的定性模型。事实上，三支决策已经广泛地应用于多个学科和领域，包括医学诊断、管理学、统计学和社会判断理论中。三支决策既要研究定性模型，也要研究定量模型。

对于不同的问题，三分的目的和采用的策略可能不同，因此可以获得众多的三支决策模型。例如，三支分类、三支近似、三支聚类、三支概念分析、三支推理、三支分析等。二支决策可以看成三支决策的一个特例。从两个二支决策可以构造三支决策。将三支决策中的部分再二分或三分，可以获得多支决策，例如，五支、六支、七支等。

2.1.2　三支决策应用实例

1. 医疗诊断

在医疗诊断的过程中，医生通常根据患者的症状以及相应的检查结果来进行诊断。患者实际上有健康和患病两种情况，医生有治疗和不治疗两种选择。但如果在患者本身健康的情况下，医生做出了治疗的方案，那么势必会浪费人力、物力、财力等资源，甚至会对患者的健康造成影响。如果在患者本身患病的情况下，医生做出了不治疗的方案，那么势必会耽误患者的康复。因此决策过程中要慎重，根据获得的患者症状和检查信息，可以将患者分为三类：

(1) 患者确定患病；

(2) 患者不能确诊，需要进一步检查；

(3) 患者确定健康。

医生根据患者分类进行进一步的决策。对于第一类患者，可以马上针对患者进行治疗；对于第二类患者，需要进一步检查诊断；对于第三类患者，可以停止检查，做出不治疗的决定。这样可以大大减小原有决策的代价，并且可以提高患者诊断的准确性。

2. 因材施教

“全美杰出教师”艾斯奎斯(Esquith)在回答关于如何对待好学生和差学生的问题时说，在他眼里，学生分三种：孩子一、孩子二和孩子三。孩子一是天才，聪明、爱上学、爱老师、出身好，有他们在班级里会很幸福。孩子三，不喜欢上学、憎恨老师，成绩不好，父母也不配合老师。大部分老师都把时间花在孩子一和三身上，而他把时间花在普通的孩子二身上。孩子二普通、平凡，其他也一般，但是他们不捣乱，老师一般不会在他们身上花太多精力。而如果把大部分精力放在他们身上，让他们做得更好时，孩子二的行为会转化成孩子一的行为。当孩子三在那里找麻烦的时候，他们就会找不到捣乱的伴。让孩子二来影响班级，就会形成良好的班风。对于孩子三，老师的任何办法都不会奏效，只有为他们创造更有趣的课程，让他们产生兴趣，才能改变他们。

艾斯奎斯对学生的分类，一方面在学生的称呼上，不是如人们常见的称为“好学生”、“差学生”和“中等学生”，而是称为“孩子一”、“孩子二”和“孩子三”。显然在第二种称呼中，不具有明显的感情好恶，至少在心理上减少了教师对孩子喜恶感的暗示。另一方面，在关注这些孩子的重点上是不一样的，很多教育者的重点是关注“极端”孩子，而艾斯奎斯关注的重点是中间域的“孩子二”，以及如何实现他们的转化，即如何关注“孩子二”使其成为“孩子一”；而对于“孩子三”，在已有课程体系不奏效的情况下，他提出的创造新课程实质上就是一种引进新信息从而帮助解决问题的方法。

3. 视觉系统

人的视觉将整个空间分为三个区域：中心视域、周边视域和不可视域。中心视域可以提供清楚的视觉影像与色彩信息；周边视域(常说的余光区)仅给出了结构性信息；不可视域则观察不到。从三支决策的观点看，中心视域可以看成正域，它提供准确和清晰的信息；余光区可以看成边界域，它提供不确定和不准确的信息；不可视域可以看成负域，它表示没有信息。对于三个视域，人们可以采用不同的处理方式：将主要精力放到中心视域，并对余光区的信息进行关注。虽然边界域无法提供准确的信息，但它的作用也是不可忽视的，其提供的信息可以使人们及时应对各种紧急事件的发生。

人类视觉的另一个特点是可以随时转换三个区域。当眼睛或头转动时，我们可以从一个三支划分转换到另一个三支划分。例如，边界域可以转换为中心视域，使我们能够重新聚焦并重新处理。这种转换思想应该体现到三支决策理论里，也就是说，三支决策理论应该考虑观察角度的动态变化和三个区域的转换。

2.1.3　三支决策描述

三支决策的主要思想就是将整体分为 3 个独立的部分，对不同部分采用不同的处理方法，其基本思想可以用图 2-1 来描述。设 $U=\{x_1,\cdots,x_n\}$ 是有限、非空实体(对象)集，C 是有限条件集。三部分分别称为 P-域(P-region)、M-域(M-region)和 B-域(B-region)，简称为 P、M 和 B。

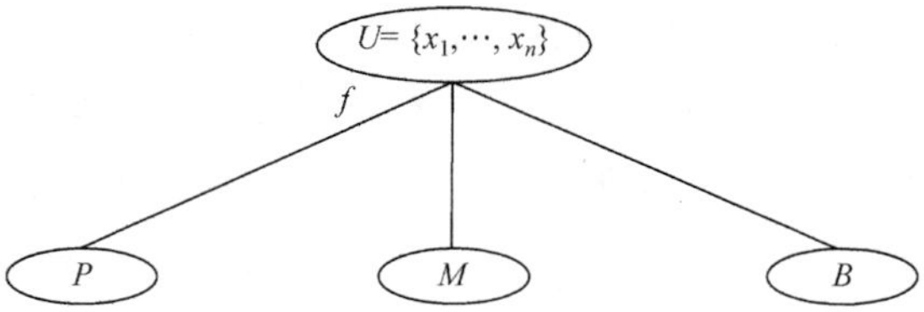

图 2-1　三支决策的三个域

定义 2-1　基于有限条件集 C，三支决策通过映射 f 将实体集 U 分为三个两两互不相交的 P-域、M-域和 B-域，即

$$U \xrightarrow{f} \{P,M,B\}$$

P、M 和 B 是 U 的子集，具有关系 $U=P\cup M\cup B$，并且 $P\cap M=\varnothing$，$P\cap B=\varnothing$，$M\cap B=\varnothing$。但是，因为某些域有可能是空集，所以严格意义上讲，$\{P,M,B\}$ 不一定是 U 的一个划分。为了方便讨论，在不引起歧义的前提下，仍称 $\{P,M,B\}$ 为

U 的一个划分。对应于这 3 个域，它们的补集构造如下：

$$B^c = P \cup M$$

$$M^c = P \cup B$$

$$P^c = B \cup M$$

根据映射 f 的不同情况，分为定性的三支决策与定量的三支决策。定性的三支决策模型中，许多实际应用没有显式的映射函数，实体集被定性地分为 3 个域。定量的三支决策模型中，映射是一个关于对象的函数，通过映射函数，实体集被定量地分为 3 个域。映射 f 可以基于条件集量化，用评价函数来刻画。评价函数反映了某种目标，也称为目标函数。例如，在三支决策聚类中，评价函数可以是决策风险函数，也可以是类簇之间的相似度函数。

2.2 基于粗糙集的三支决策

2.2.1 Pawlak 粗糙集理论

三支决策最初的提出是为了对粗糙集的 3 个区间给出一个合理的语义解释。因此首先介绍粗糙集的基本思想。

在经典的粗糙集中，数据信息以及相关知识使用信息系统来进行存储和表示。Pawlak 粗糙集模型利用信息系统中已经存在的知识来近似描述目标概念进而对整个论域进行划分。

定义 2-2 给定四元组的信息系统 $\mathrm{IS}=(U,A,V,f)$。其中 U 表示系统论域中对象的集合；A 是信息系统上的非空属性集合；V 表示属性的取值范围；f 为信息函数，从对象映射到属性，即 $f:U\times A\to V$。假定 E 为论域 U 上的等价关系，$\mathrm{apr}=(U,E)$ 是近似空间，U 在等价关系 E 上的划分是 $U/E=\{[x]_E \mid x\in U\}$，$[x]$ 是包含 x 的等价类。那么对于 $\forall X\subseteq U$，其上近似集 $\overline{\mathrm{apr}}(X)$ 和下近似集 $\underline{\mathrm{apr}}(X)$ 可定义为

$$\begin{aligned}\overline{\mathrm{apr}}(X)&=\{x\in U \mid [x]\cap X\neq\varnothing\}=\{x\in U \mid P(X\mid[x])>0\}\\ \underline{\mathrm{apr}}(X)&=\{x\in U \mid [x]\subseteq X\}=\{x\in U \mid P(X\mid[x])=1\}\end{aligned} \tag{2-1}$$

在式(2-1)中，下近似表示若一个对象的所有等价对象在类中，那么 x 一定属于 X；上近似表示若类 X 包含 x 的等价类对象，则 x 可能属于 X。根据二者描述可以把整个论域分成 3 个区域，分别记作正域 $\mathrm{POS}(X)$、边界域 $\mathrm{BND}(X)$ 和负域 $\mathrm{NEG}(X)$，其定义为

$$\begin{aligned}&\mathrm{POS}(X)=\underline{\mathrm{apr}}(X)\\&\mathrm{BND}(X)=\overline{\mathrm{apr}}(X)-\underline{\mathrm{apr}}(X)\\&\mathrm{NEG}(X)=U-\overline{\mathrm{apr}}(X)=U-\mathrm{POS}(X)-\mathrm{BND}(X)\end{aligned}\tag{2-2}$$

从式(2-2)中 3 个域的定义可以看出，目标区域的划分对应于一个分类器：若 x 在 X 的正域内，则将其划分为 X；若 x 在 X 的负域内，则将其划分为 $\neg X$；若 x 在 X 的边界域里，则暂不确定是否将它划分为 X。

Pawlak 粗糙集对于信息进行定性的刻画和描述，上下近似是根据集合之间确定的代数包含关系确定的。因此其目标区域的划分构成是趋近于理想化的，这种方法过于严苛，在含有大量误差的现实问题中，会因为没有误分类机制产生很差的分类效果。因此，需要对 Pawlak 粗糙集模型进行扩展。

2.2.2　概率粗糙集模型

概率粗糙集是决策粗糙集的基础，也是构建三支决策理论的基础原型之一。概率粗糙集模型是将概率思想引入 Pawlak 粗糙集中，使 Pawlak 粗糙集从定性扩展为定量而提出的模型，目的是提高粗糙集模型的容错性。概率粗糙集的数学基础是信息系统：

$$\mathrm{IS}=(U,A,V,f)$$

其中，U 表示系统论域中对象的集合；$A=C\cup D$ 是信息系统上的属性集合，C 和 D 分别表示条件属性和决策属性；V 表示属性的取值范围；f 为信息函数，有 $f:U\times A\to V$。

定义 2-3　已知信息系统 IS 上的属性子集合 B，满足条件 $B\subseteq A$，则关于属性 B 的等价关系定义为

$$\mathrm{IND}(B)=\left\{(x,y)\in U\times U\,\middle|\,\forall a\in B,f(x,a)=f(a,x)\right\}\tag{2-3}$$

定义 2-4　对象所属等价类 $[x]$ 对决策类 D_i 的条件概率记为 $\Pr\left[D_i\middle\|[x]\right]$，其可以刻画对象 $x\in U$ 相对于决策类 $D_i\in U/\mathrm{IND}(D)$ 上的隶属程度，计算公式为

$$\Pr\left[D_i\middle\|[x]\right]=\frac{\Pr(D_i)\times\Pr\left([x]\middle\|D_i\right)}{\Pr([x])}\tag{2-4}$$

基于概率粗糙集，任意决策类的不确定程度在条件概率和等价类定义的基础条件上可以由式(2-4)表示。

定义 2-5　给出一组阈值 (α,β)，并且满足 $0\leqslant\beta<\alpha\leqslant1$，则基于信息系统 IS 的决策类别 D_i 的上下近似可表示为

$$\overline{\text{apr}}(D_i)=\left\{x\middle|\Pr\left(D_i\middle|[x]\right)\geqslant\beta\right\}$$
$$\underline{\text{apr}}(D_i)=\left\{x\middle|\Pr\left(D_i\middle|[x]\right)\geqslant\alpha\right\} \tag{2-5}$$

定义 2-6　给出一组阈值(α,β)，并且满足$0\leqslant\beta<\alpha\leqslant1$，则基于信息系统IS的概率粗糙集三支决策理论的正域、边界域和负域分别表示如下：

$$\text{POS}_{(\alpha,\beta)}(D_i)=\left\{x\in U\middle|\Pr\left(D_i\middle|[x]\geqslant\alpha\right)\right\}$$
$$\text{BND}_{(\alpha,\beta)}(D_i)=\left\{x\in U\middle|\beta<\Pr\left(D_i\middle|[x]<\alpha\right)\right\} \tag{2-6}$$
$$\text{NEG}_{(\alpha,\beta)}(D_i)=\left\{x\in U\middle|\Pr\left(D_i\middle|[x]\leqslant\beta\right)\right\}$$

2.2.3　基于决策粗糙集模型的三支决策

决策粗糙集是概率粗糙集满足某种条件下的一种特例。该模型的重点内容是最小风险贝叶斯决策理论，计算每一种分类决策带来的风险值，找到损失最低的方案，并据此确定正域、负域和边界域，贝叶斯决策问题的描述形式如下。

给定$\Omega=\{\omega_1,\omega_2,\cdots,\omega_m\}$为有限 m 个状态的集合，$A=\{a_1,a_2,\cdots,a_n\}$为有限 n 个可能的决策行动。若对象的属性特征描述为x，其状态为ω_i，状态ω_i下的条件概率为$P(\omega_i\mid x)$，则在状态为ω_i的情况下采取行动a_j的损失为$\lambda(a_j\mid\omega_i)$，对应的损失矩阵如表 2-1 所示。此时，对象x采取行动a_j对应的期望风险为

$$R(a_j\mid x)=\sum_{i=1}^{m}\lambda(a_j\mid\omega_i)P(\omega_i\mid x) \tag{2-7}$$

表 2-1　贝叶斯理论损失矩阵

	a_1	a_2	$\cdots$	a_i	$\cdots$	a_n
ω_1	$\lambda_{11}=\lambda(a_1\mid\omega_1)$	$\lambda_{21}=\lambda(a_2\mid\omega_1)$	$\cdots$	$\lambda_{i1}=\lambda(a_i\mid\omega_1)$	$\cdots$	$\lambda_{n1}=\lambda(a_n\mid\omega_1)$
ω_2	$\lambda_{12}=\lambda(a_1\mid\omega_2)$	$\lambda_{22}=\lambda(a_2\mid\omega_2)$	$\cdots$	$\lambda_{i2}=\lambda(a_i\mid\omega_2)$	$\cdots$	$\lambda_{n2}=\lambda(a_n\mid\omega_2)$
$\cdots$	$\cdots$	$\cdots$	$\cdots$	$\cdots$	$\cdots$	$\cdots$
ω_j	$\lambda_{1j}=\lambda(a_1\mid\omega_j)$	$\lambda_{2j}=\lambda(a_2\mid\omega_j)$	$\cdots$	$\lambda_{ij}=\lambda(a_i\mid\omega_j)$	$\cdots$	$\lambda_{nj}=\lambda(a_n\mid\omega_j)$
$\cdots$	$\cdots$	$\cdots$	$\cdots$	$\cdots$	$\cdots$	$\cdots$
ω_m	$\lambda_{1m}=\lambda(a_1\mid\omega_m)$	$\lambda_{2m}=\lambda(a_2\mid\omega_m)$	$\cdots$	$\lambda_{im}=\lambda(a_i\mid\omega_m)$	$\cdots$	$\lambda_{nm}=\lambda(a_n\mid\omega_m)$

在决策粗糙集中引入贝叶斯决策时，用两个状态集$\Omega=\{X,\neg X\}$以及三个行动集$A=\{a_P,a_B,a_N\}$描述贝叶斯决策问题(对应于贝叶斯理论，$m=2$，$n=3$)。分别用X和$\neg X$描述事件截然不同的两种状态，比如好事和坏事；分别用a_P、a_B和a_N

来表示三种不同的决策，比如接受该事件、拒绝该事件和延迟决策这三种情况。考虑到采取不同行动会有不同的损失，分别用 λ_{PP}、λ_{BP} 和 λ_{NP} 来表示当 x 属于 X 时采取行动 a_P、a_B 和 a_N 时的损失；同样地，分别用 λ_{PN}、λ_{BN} 和 λ_{NN} 来表示当 x 不属于 X 时采取行动 a_P、a_B 和 a_N 时的损失，其决策的损失矩阵如表 2-2 所示。

表 2-2　三种决策的损失矩阵

决策动作	x 属于 X	x 不属于 X
接受该事件：a_P	λ_{PP}	λ_{PN}
拒绝该事件：a_N	λ_{NP}	λ_{NN}
延迟决策：a_B	λ_{BP}	λ_{BN}

根据式(2-7)，采取 a_P、a_B 和 a_N 行动下的期望损失可分别表示为

$$\begin{aligned}R(a_P\mid[x])&=\lambda_{PP}P(X\mid[x])+\lambda_{PN}P(\neg X\mid[x])\\R(a_B\mid[x])&=\lambda_{BP}P(X\mid[x])+\lambda_{BN}P(\neg X\mid[x])\\R(a_N\mid[x])&=\lambda_{NP}P(X\mid[x])+\lambda_{NN}P(\neg X\mid[x])\end{aligned}\tag{2-8}$$

根据决策规则，使风险最小的行动集合即为最优决策方案，因此可以得到 3 个规则，它们分别如下所示。

规则 P：若 $R(a_P\mid[x])\leqslant R(a_B\mid[x])$ 和 $R(a_P\mid[x])\leqslant R(a_N\mid[x])$ 同时成立，则 $x\in \mathrm{POS}(X)$。

规则 B：若 $R(a_B\mid[x])\leqslant R(a_P\mid[x])$ 和 $R(a_B\mid[x])\leqslant R(a_N\mid[x])$ 同时成立，则 $x\in \mathrm{BND}(X)$。

规则 N：若 $R(a_N\mid[x])\leqslant R(a_P\mid[x])$ 和 $R(a_N\mid[x])\leqslant R(a_B\mid[x])$ 同时成立，则 $x\in \mathrm{NEG}(X)$。

同时，有 $P(X\mid[x])+P(\neg X\mid[x])=1$，所以上面 3 条规则只跟 $P(X\mid[x])$ 以及 λ 相关。另外，考虑到实际情况：正确接受的代价要小于错误拒绝和延迟决策的代价，延迟决策的代价要小于错误拒绝的代价，所以有 $0\leqslant\lambda_{PP}\leqslant\lambda_{BP}<\lambda_{NP}$ 和 $0\leqslant\lambda_{NN}\leqslant\lambda_{BN}<\lambda_{PN}$，将式(2-8)代入上面 3 条规则中，那么规则 P～规则 N 又可表示为如下形式(规则 P′～规则 N′)。

规则 P′：若 $P(X\mid[x])\geqslant\dfrac{\lambda_{PN}-\lambda_{BN}}{(\lambda_{PN}-\lambda_{BN})+(\lambda_{BN}-\lambda_{PP})}$ 和 $P(X\mid[x])\geqslant\dfrac{\lambda_{PN}-\lambda_{NN}}{(\lambda_{PN}-\lambda_{NN})+(\lambda_{NP}-\lambda_{PP})}$ 同时成立，则 $x\in \mathrm{POS}(X)$。

规则 B′：若 $P(X\mid[x])\leqslant\dfrac{\lambda_{PN}-\lambda_{BN}}{(\lambda_{PN}-\lambda_{BN})+(\lambda_{BP}-\lambda_{PP})}$ 和 $P(X\mid[x])\geqslant\dfrac{\lambda_{BN}-\lambda_{NN}}{(\lambda_{BN}-\lambda_{NN})+(\lambda_{NP}-\lambda_{BP})}$ 同时成立，则 $x\in \mathrm{BND}(X)$。

规则 N′：若 $P(X|[x])\leqslant\dfrac{\lambda_{PN}-\lambda_{NN}}{(\lambda_{PN}-\lambda_{NN})+(\lambda_{NP}-\lambda_{PP})}$ 和 $P(X|[x])\leqslant\dfrac{\lambda_{BN}-\lambda_{NN}}{(\lambda_{BN}-\lambda_{NN})+(\lambda_{NP}-\lambda_{BP})}$ 同时成立，则 $x\in\mathrm{NEG}(X)$。

令

$$\begin{aligned}\alpha&=\frac{\lambda_{PN}-\lambda_{BN}}{(\lambda_{PN}-\lambda_{BN})+(\lambda_{BP}-\lambda_{PP})}\\ \beta&=\frac{\lambda_{BN}-\lambda_{NN}}{(\lambda_{BN}-\lambda_{NN})+(\lambda_{NP}-\lambda_{BP})}\\ \gamma&=\frac{\lambda_{PN}-\lambda_{NN}}{(\lambda_{PN}-\lambda_{NN})+(\lambda_{NP}-\lambda_{PP})}\end{aligned}\tag{2-9}$$

且由规则 B′可得

$$\alpha>\beta$$

即

$$\frac{\lambda_{BP}-\lambda_{PP}}{\lambda_{PN}-\lambda_{BN}}<\frac{\lambda_{NP}-\lambda_{BP}}{\lambda_{BN}-\lambda_{NN}}$$

此外，由不等式 $\dfrac{b}{a}>\dfrac{d}{c}\Rightarrow\dfrac{b}{a}>\dfrac{b+d}{a+c}>\dfrac{d}{c},a,b,c,d>0$，有

$$\frac{\lambda_{BP}-\lambda_{PP}}{\lambda_{PN}-\lambda_{BN}}<\frac{\lambda_{NP}-\lambda_{PP}}{\lambda_{PN}-\lambda_{NN}}<\frac{\lambda_{NP}-\lambda_{BP}}{\lambda_{BN}-\lambda_{NN}}$$

从而

$$0\leqslant\beta<\gamma<\alpha\leqslant 1$$

则规则 P～规则 N 又可表示为如下形式(规则 P″～规则 N″)。

规则 P″：若 $P(X|[x])\geqslant\alpha$，则 $x\in\mathrm{POS}(X)$。

规则 B″：若 $\beta<P(X|[x])<\alpha$，则 $x\in\mathrm{BND}(X)$。

规则 N″：若 $P(X|[x])\leqslant\beta$，则 $x\in\mathrm{NEG}(X)$。

因此，得到如下决策规则(P″～N″)。

接受决策规则 P‴：当 $P(X|[x])\geqslant\alpha$ 成立时，$x\in\mathrm{POS}(X)$，将 x 划分到 X 的正域中，执行正域决策，即接受决策。

延迟决策规则 B‴：当 $\beta<P(X|[x])<\alpha$ 成立时，$x\in\mathrm{BND}(X)$，将 x 划分到 X 的边界域中，执行边界域决策，即延迟决策。

拒绝决策规则 N‴：当 $P(X|[x])\leqslant\beta$ 成立时，$x\in\mathrm{NEG}(X)$，将 x 划分到 X 的负域中，执行负域决策，即拒绝决策。

上述决策规则，描述了基于决策粗糙集理论的三支决策语义，将粗糙集模型

中的正域解释为选择接受的结果，将负域解释为选择拒绝的结果，将边界域解释为选择不承诺的结果。三支决策理论是对传统二支决策理论的扩展，具体来说，其增加了一种不承诺决策的可能。三支决策是人类解决现实中决策问题时常用的策略，三支决策的过程就是对人类解决问题方法的模拟。随着各学者对三支决策理论的研究，三支决策的扩展理论模型也被相继提出。

2.3　基于直觉模糊集的三支决策

2.3.1　直觉模糊集理论

20 世纪 50 年代，Zadeh 教授提出了模糊集的理论，它是一种用于处理不确定问题和不准确问题的数学方法，主要采用主观隶属函数描述事物的模糊概念。保加利亚学者 Atanassov 认为只有隶属函数这一种指标不能完整的刻画一些模糊概念，所以其在 1986 年在对象与集合关系中增加了非隶属度和犹豫度这两个概念，并基于此提出了直觉模糊集的概念。与模糊集相比，直觉模糊集在描述不确定信息时更加全面和客观，能够更真实地反映人们对于客观事物本质的认识。

定义 2-7　设 X 是一个论域，若 X 上 2 个映射 $\mu_{\tilde{A}}: X \to [0,1]$ 和 $\nu_{\tilde{A}}: X \to [0,1]$，使得 $x \in X \to \mu_{\tilde{A}}(x) \in [0,1]$ 和 $x \in X \to \nu_{\tilde{A}}(x) \in [0,1]$，且满足条件：

$$0 \leqslant \mu_{\tilde{A}}(x) + \nu_{\tilde{A}}(x) \leqslant 1$$

则称 $\mu_{\tilde{A}}(x)$ 和 $\nu_{\tilde{A}}(x)$ 确定了论域上的一个直觉模糊集 $\tilde{A}$，简记为 $\tilde{A} = \{< x, \mu_{\tilde{A}}(x), \nu_{\tilde{A}}(x) >| x \in X\}$。其中，$\mu_{\tilde{A}}(x)$ 为 $\tilde{A}$ 的隶属函数；$\nu_{\tilde{A}}(x)$ 为 $\tilde{A}$ 的非隶属函数。

对于论域 X 上的直觉模糊集 $\tilde{A}$，称 $\pi_{\tilde{A}}(x) = 1 - \mu_{\tilde{A}}(x) - \nu_{\tilde{A}}(x)$ 为元素 x 的直觉模糊指标或犹豫度，是对元素 x 是否属于 $\tilde{A}$ 的犹豫程度的一种度量。由此可见，直觉模糊数用隶属度、非隶属度和犹豫度三个参数分别表示支持、反对和中立这三种状态，能够更细致的表征事物的属性。

定义 2-8　假定 X 为论域，$\tilde{A}$ 和 $\tilde{B}$ 为 X 上的两个直觉模糊集，$\lambda > 0$，且是实数。那么直觉模糊集的运算满足下面的关系。

直觉模糊集的补：

$$\tilde{A}^C = \{< x, \nu_{\tilde{A}}(x), \mu_{\tilde{A}}(x) >| x \in X\} \tag{2-10}$$

直觉模糊集的交：

$$\tilde{A} \cap \tilde{B} = \{< x, \mu_{\tilde{A}}(x) \wedge \mu_{\tilde{B}}(x), \nu_{\tilde{A}}(x) \vee \nu_{\tilde{B}}(x) >| x \in X\} \tag{2-11}$$

其中，“∧”为取小运算，即 min 算子；“∨”为取大运算，即 max 算子。

直觉模糊集的并：

$$\tilde{A}\cup\tilde{B}=\left\{<x,\mu_{\tilde{A}}(x)\vee\mu_{\tilde{B}}(x),\nu_{\tilde{A}}(x)\wedge\nu_{\tilde{B}}(x)>|\,x\in X\right\} \tag{2-12}$$

直觉模糊集的和：

$$\tilde{A}+\tilde{B}=\left\{<x,\mu_{\tilde{A}}(x)+\mu_{\tilde{B}}(x)-\mu_{\tilde{A}}(x)\mu_{\tilde{B}}(x),\nu_{\tilde{A}}(x)\nu_{\tilde{B}}(x)>|\,x\in X\right\} \tag{2-13}$$

直觉模糊集的积：

$$\tilde{A}\tilde{B}=\left\{<x,\mu_{\tilde{A}}(x)\mu_{\tilde{B}}(x),\nu_{\tilde{A}}(x)+\nu_{\tilde{B}}(x)-\nu_{\tilde{A}}(x)\nu_{\tilde{B}}(x)>|\,x\in X\right\} \tag{2-14}$$

直觉模糊集与数的积：

$$\lambda\tilde{A}=\left\{<x,1-(1-\mu_{\tilde{A}}(x))^{\lambda},(\nu_{\tilde{A}}(x))^{\lambda}>|\,x\in X\right\} \tag{2-15}$$

直觉模糊集的乘方：

$$\tilde{A}^{\lambda}=\left\{<x,(\mu_{\tilde{A}}(x))^{\lambda},1-(1-\nu_{\tilde{A}}(x))^{\lambda}>|\,x\in X\right\} \tag{2-16}$$

定义 2-9　设 $s:F(X)\times F(X)\to[0,1]$ 是一映射。若对任意直觉模糊集 $\tilde{A}\in F(X)$、$\tilde{B}\in F(X)$、$\tilde{C}\in F(X)$，满足下面 4 条性质，则称 $s(\tilde{A},\tilde{B})$ 为直觉模糊集 $\tilde{A}$ 和 $\tilde{B}$ 的相似度。

性质 2-1　$0\leqslant s(\tilde{A},\tilde{B})\leqslant 1$。

性质 2-2　当且仅当 $\tilde{A}=\tilde{B}$ 时，有 $s(\tilde{A},\tilde{B})=1$。

性质 2-3　$s(\tilde{A},\tilde{B})=s(\tilde{B},\tilde{A})$。

性质 2-4　如果 $\tilde{A}\subseteq\tilde{B}\subseteq\tilde{C}$，则 $s(\tilde{A},\tilde{C})\leqslant s(\tilde{A},\tilde{B})$ 且 $s(\tilde{A},\tilde{C})\leqslant s(\tilde{B},\tilde{C})$。

直觉模糊集 $\tilde{A}$ 和 $\tilde{B}$ 的闵可夫斯基(Minkowski)相似度为

$$\begin{aligned}&s_q(\tilde{A},\tilde{B})\\&=1-\sqrt[q]{\frac{1}{2n}\sum_{j=1}^{n}\left[(\mu_{\tilde{A}}(x_j)-\mu_{\tilde{B}}(x_j))^q+(\nu_{\tilde{A}}(x_j)-\nu_{\tilde{B}}(x_j))^q+(\pi_{\tilde{A}}(x_j)-\pi_{\tilde{B}}(x_j))^q\right]}\end{aligned} \tag{2-17}$$

其中

$$\pi_{\tilde{A}}(x_j)=1-\mu_{\tilde{A}}(x_j)-\nu_{\tilde{A}}(x_j)$$

$$\pi_{\tilde{B}}(x_j)=1-\mu_{\tilde{B}}(x_j)-\nu_{\tilde{B}}(x_j)$$

q 为距离参数，一般取如下 3 个典型值。

若 $q=1$，则 $\tilde{A}$ 和 $\tilde{B}$ 的汉明(Hamming)相似度为

$$s_1(\tilde{A},\tilde{B}) \\ =1-\frac{1}{2n}\sum_{j=1}^{n}\left\{\left|\mu_{\tilde{A}}(x_j)-\mu_{\tilde{B}}(x_j)\right|+\left|\nu_{\tilde{A}}(x_j)-\nu_{\tilde{B}}(x_j)\right|+\left|\pi_{\tilde{A}}(x_j)-\pi_{\tilde{B}}(x_j)\right|\right\} \tag{2-18}$$

若 q=2，则 $\tilde{A}$ 和 $\tilde{B}$ 的欧几里得(Euclidean)相似度为

$$s_2(\tilde{A},\tilde{B}) \\ =1-\sqrt{\frac{1}{2n}\sum_{j=1}^{n}\left\{(\mu_{\tilde{A}}(x_j)-\mu_{\tilde{B}}(x_j))^2+(\nu_{\tilde{A}}(x_j)-\nu_{\tilde{B}}(x_j))^2+(\pi_{\tilde{A}}(x_j)-\pi_{\tilde{B}}(x_j))^2\right\}} \tag{2-19}$$

若 $q\to+\infty$，则 $\tilde{A}$ 和 $\tilde{B}$ 的切比雪夫(Chebyshev)相似度为

$$s_{+\infty}(\tilde{A},\tilde{B}) \\ =1-\frac{1}{2n}\max_{1\leqslant j\leqslant n}\left\{\left|\mu_{\tilde{A}}(x_j)-\mu_{\tilde{B}}(x_j)\right|+\left|\nu_{\tilde{A}}(x_j)-\nu_{\tilde{B}}(x_j)\right|+\left|\pi_{\tilde{A}}(x_j)-\pi_{\tilde{B}}(x_j)\right|\right\} \tag{2-20}$$

一般情况下，用直觉模糊集的距离反映二者之间的差异程度，具体定义如下。

定义 2-10　设 $s:F(X)\times F(X)\to[0,1]$ 是一映射。如果任意的直觉模糊集 $\tilde{A}\in F(X)$、$\tilde{B}\in F(X)$、$\tilde{C}\in F(X)$，满足以下 4 条性质，则称直觉模糊集 $\tilde{A}$ 和 $\tilde{B}$ 的距离为 $d(\tilde{A},\tilde{B})$。

性质 2-5　$0\leqslant d(\tilde{A},\tilde{B})\leqslant 1$。

性质 2-6　当且仅当 $\tilde{A}=\tilde{B}$ 时，有 $d(\tilde{A},\tilde{B})$=0。

性质 2-7　$d(\tilde{A},\tilde{B})$=$d(\tilde{B},\tilde{A})$。

性质 2-8　$d(\tilde{A},\tilde{B})\leqslant d(\tilde{A},\tilde{C})+d(\tilde{C},\tilde{B})$。

直觉模糊集 $\tilde{A}$ 和 $\tilde{B}$ 的闵可夫斯基归一化距离为

$$d_q(\tilde{A},\tilde{B}) \\ =\sqrt[q]{\frac{1}{2n}\sum_{j=1}^{n}\left\{(\mu_{\tilde{A}}(x_j)-\mu_{\tilde{B}}(x_j))^q+(\nu_{\tilde{A}}(x_j)-\nu_{\tilde{B}}(x_j))^q+(\pi_{\tilde{A}}(x_j)-\pi_{\tilde{B}}(x_j))^q\right\}} \tag{2-21}$$

其中

$$\pi_{\tilde{A}}(x_j)=1-\mu_{\tilde{A}}(x_j)-\nu_{\tilde{A}}(x_j)$$

$$\pi_{\tilde{B}}(x_j)=1-\mu_{\tilde{B}}(x_j)-\nu_{\tilde{B}}(x_j)$$

q 为距离参数，一般会取 3 个典型值，在这 3 种情况下，闵可夫斯基相似度会有比较明确的几何意义。

当 q=1 时，可以得到直觉模糊集 $\tilde{A}$ 和 $\tilde{B}$ 的汉明归一化距离：

$$d_1(\tilde{A},\tilde{B}) = \frac{1}{2n}\sum_{j=1}^{n}\left\{\left|\mu_{\tilde{A}}(x_j)-\mu_{\tilde{B}}(x_j)\right|+\left|\nu_{\tilde{A}}(x_j)-\nu_{\tilde{B}}(x_j)\right|+\left|\pi_{\tilde{A}}(x_j)-\pi_{\tilde{B}}(x_j)\right|\right\} \tag{2-22}$$

当 q=2 时，可以得到直觉模糊集 $\tilde{A}$ 和 $\tilde{B}$ 的欧几里得归一化距离：

$$d_2(\tilde{A},\tilde{B}) = \sqrt{\frac{1}{2n}\sum_{j=1}^{n}\left\{(\mu_{\tilde{A}}(x_j)-\mu_{\tilde{B}}(x_j))^2+(\nu_{\tilde{A}}(x_j)-\nu_{\tilde{B}}(x_j))^2+(\pi_{\tilde{A}}(x_j)-\pi_{\tilde{B}}(x_j))^2\right\}} \tag{2-23}$$

当 $q\to+\infty$ 时，可以得到直觉模糊集 $\tilde{A}$ 和 $\tilde{B}$ 的切比雪夫归一化距离：

$$d_{+\infty}(\tilde{A},\tilde{B}) = \max_{1\leqslant j\leqslant n}\left\{\frac{\left|\mu_{\tilde{A}}(x_j)-\mu_{\tilde{B}}(x_j)\right|+\left|\nu_{\tilde{A}}(x_j)-\nu_{\tilde{B}}(x_j)\right|+\left|\pi_{\tilde{A}}(x_j)-\pi_{\tilde{B}}(x_j)\right|}{2n}\right\} \tag{2-24}$$

当直觉模糊集 $\tilde{A}=\left\{<x,\mu_{\tilde{A}}(x),\nu_{\tilde{A}}(x)>|\, x\in X\right\}$ 只有一个元素时，简写为

$$A_j=<\mu_j,\nu_j>(j=1,2,\cdots,n)$$

其中，$\mu_j=\mu_{\tilde{A}}(x_j)$、$\nu_j=\nu_{\tilde{A}}(x_j)$、$0\leqslant\mu_j+\nu_j\leqslant1$。

直觉模糊集的得分值与精确值的计算公式如下：

$$\begin{cases}M(A)=\mu-\nu\\ \varDelta(A)=\mu+\nu\end{cases} \tag{2-25}$$

同时满足如下两个条件。

(1) 如果 $M(A_j)>M(A_k)$，则有 $A_j>A_k$。

(2) 在 $M(A_j)$=$M(A_k)$ 的前提下，若 $\varDelta(A_j)$=$\varDelta(A_k)$，则 A_j=A_k；若 $\varDelta(A_j)>\varDelta(A_k)$，则 $A_j>A_k$；若 $\varDelta(A_j)<\varDelta(A_k)$，则 $A_j<A_k$。

定义 2-11　设 $A_j=<\mu_j,\nu_j>(j=1,2,\cdots,n)$ 是直觉模糊集。有映射 $f_\omega^A:F^n\to F$ 使得

$$f_\omega^A(A_1,A_2,\cdots,A_n)=\sum_{j=1}^{n}\omega_jA_j \tag{2-26}$$

其中，f_ω^A 为直觉模糊集加权集结算子；ω 为 ω=$(\omega_1,\omega_2,\cdots,\omega_n)^{\mathrm{T}}$，是 A_j 的权重向量，满足归一化条件 $\sum_{j=1}^{n}\omega_j=1$。

若 ω= $(1/n,1/n,\cdots,1/n)^{\mathrm{T}}$，则称 f_ω^A 为直觉模糊集平均算子，记做 f_ω。

2.3.2 基于直觉模糊集的三支决策模型

假设U是事件对象集合，x是某事件对象，并且$x \in U$，那么x可以用两种情况表述，分别是隶属描述P和非隶属描述N。根据这两种描述可以把论域划为隶属描述集合和非隶属描述集合这两个部分，二者用L和L^R表示，$U = L \cup L^R$。隶属函数和非隶属函数可以组成评价函数，决策者可以根据该评价函数对事件对象进行评价，根据两种描述决策问题代价矩阵确定不同决策策略的代价，如表 2-3 所示。

表 2-3　决策代价矩阵

决策动作	隶属描述	非隶属描述
接受：ω_P	λ_{PP}	λ_{PN}
拒绝：ω_N	λ_{NP}	λ_{NN}
延迟决策：ω_B	λ_{BP}	λ_{BN}

设$F(\omega_x \mid x)$为评估函数，ω_x为x的决策动作，用ω_P、ω_N、ω_B来表示将事件对象划分到正域、负域和边界域时的决策动作。将对象划分到正域表明接受该对象；将对象划分到负域表明拒绝该对象；将对象划分到边界域表明不确定接受还是拒绝该对象。用$\mu(x)$和$\nu(x)$来描述对象x的隶属度和非隶属度，如果事件对象$x \in L$，那么此时执行决策动作ω_P、ω_N、ω_B时的代价分别是λ_{PP}、λ_{NP}、λ_{BP}；如果事件对象$x \notin L$，那么此时执行决策动作ω_P、ω_N、ω_B时的代价分别是λ_{PN}、λ_{NN}、λ_{BN}。考虑到评估函数在现实中的意义，合理的假设上述评估函数代价满足两个条件：

$$\lambda_{PP} \leqslant \lambda_{BP} < \lambda_{NP}, \quad \lambda_{NN} \leqslant \lambda_{BN} < \lambda_{PN}$$

根据直觉模糊集的概念，有：

$$0 \leqslant \mu(x) + \nu(x) \leqslant 1$$

按照表 2-3 各自计算其对应的决策风险期望，然后用$F(\omega_x \mid x)$来表示，如下所示。

接受事件对象的风险：

$$F(\omega_P \mid x) = \lambda_{PP} \cdot \mu(x) + \lambda_{PN} \cdot \nu(x)$$

拒绝事件对象的风险：

$$F(\omega_N \mid x) = \lambda_{NP} \cdot \mu(x) + \lambda_{NN} \cdot \nu(x)$$

延迟决策事件对象的风险：

$$F(\omega_B \mid x) = \lambda_{BP} \cdot \mu(x) + \lambda_{BN} \cdot \nu(x)$$

如果选择使风险最小的方案为决策动作，那么会有如下 3 条规则。

接受决策规则 P_z：当满足 $F(\omega_P \mid x) \leqslant F(\omega_N \mid x)$ 和 $F(\omega_P \mid x) \leqslant F(\omega_B \mid x)$ 时，$x \in \mathrm{POS}(X)$。

拒绝决策规则 N_z：当满足 $F(\omega_N \mid x) \leqslant F(\omega_P \mid x)$ 和 $F(\omega_N \mid x) \leqslant F(\omega_B \mid x)$ 时，$x \in \mathrm{NEG}(X)$。

延迟决策规则 B_z：当满足 $F(\omega_B \mid x) \leqslant F(\omega_P \mid x)$ 和 $F(\omega_B \mid x) \leqslant F(\omega_N \mid x)$ 时，$x \in \mathrm{BND}(X)$。

对 P_z 进行计算，有：

$$F(\omega_P \mid x) \leqslant F(\omega_N \mid x) \wedge F(\omega_P \mid x) \leqslant F(\omega_B \mid x) \Rightarrow$$

$$\mu(x) \geqslant \frac{\lambda_{PN} - \lambda_{NN}}{(\lambda_{PN} - \lambda_{NN}) + (\lambda_{NP} - \lambda_{PP})} \wedge \mu(x) \geqslant \frac{\lambda_{PN} - \lambda_{BN}}{(\lambda_{PN} - \lambda_{BN}) + (\lambda_{BP} - \lambda_{PP})}$$

同理，对 N_z 进行计算，有

$$F(\omega_N \mid x) \leqslant F(\omega_P \mid x) \wedge F(\omega_N \mid x) \leqslant F(\omega_B \mid x) \Rightarrow$$

$$\mu(x) \leqslant \frac{\lambda_{PN} - \lambda_{NN}}{(\lambda_{PN} - \lambda_{NN}) + (\lambda_{NP} - \lambda_{PP})} \wedge \mu(x) \leqslant \frac{\lambda_{BN} - \lambda_{NN}}{(\lambda_{BN} - \lambda_{NN}) + (\lambda_{NP} - \lambda_{BP})}$$

同理，对 B_z 进行计算，有：

$$F(\omega_B \mid x) \leqslant F(\omega_P \mid x) \wedge F(\omega_B \mid x) \leqslant F(\omega_N \mid x) \Rightarrow$$

$$\mu(x) \leqslant \frac{\lambda_{PN} - \lambda_{BN}}{(\lambda_{PN} - \lambda_{BN}) + (\lambda_{BP} - \lambda_{PP})} \wedge \mu(x) \geqslant \frac{\lambda_{BN} - \lambda_{NN}}{(\lambda_{BN} - \lambda_{NN}) + (\lambda_{NP} - \lambda_{BP})}$$

根据式(2-9)，规则 P_z 可重写为

$$\mu(x) \geqslant \gamma \wedge \mu(x) \geqslant \alpha$$

同理，规则 N_z 可重写为

$$\mu(x) \leqslant \gamma \wedge \mu(x) \leqslant \beta$$

同理，规则 B_z 可重写为

$$\mu(x) \leqslant \alpha \wedge \mu(x) \geqslant \beta$$

根据实际情况，假设 $0 \leqslant \lambda_{PP} \leqslant \lambda_{BP} < \lambda_{NP}$, $0 \leqslant \lambda_{NN} \leqslant \lambda_{BN} < \lambda_{PN}$，代入式(2-9)可得

$$\alpha \in (0,1], \quad \beta \in [0,1), \quad \gamma \in (0,1)$$

且由规则 B_z 可得 $\beta < \alpha$，即

$$\frac{\lambda_{BN}-\lambda_{NN}}{(\lambda_{BN}-\lambda_{NN})+(\lambda_{NP}-\lambda_{BP})}<\frac{\lambda_{PN}-\lambda_{BN}}{(\lambda_{PN}-\lambda_{BN})+(\lambda_{BP}-\lambda_{PP})}$$
$$\Rightarrow\frac{\lambda_{BP}-\lambda_{PP}}{\lambda_{PN}-\lambda_{BN}}<\frac{\lambda_{NP}-\lambda_{BP}}{\lambda_{BN}-\lambda_{NN}}$$

此外，由不等式$\frac{b}{a}>\frac{d}{c}\Rightarrow\frac{b}{a}>\frac{b+d}{a+c}>\frac{d}{c}$，$a,b,c,d>0$，可得

$$\frac{\lambda_{BP}-\lambda_{PP}}{\lambda_{PN}-\lambda_{BN}}<\frac{\lambda_{NP}-\lambda_{PP}}{\lambda_{PN}-\lambda_{NN}}<\frac{\lambda_{NP}-\lambda_{BP}}{\lambda_{BN}-\lambda_{NN}}$$

因而，有$0\leqslant\beta<\gamma<\alpha\leqslant1$。

由此，决策规则可简化为如下形式(P_z'～B_z')。

P_z'：当$\mu(x)\geqslant\alpha$时，$x\in\mathrm{POS}(X)$，决策者接受事件对象。

N_z'：当$\mu(x)\leqslant\beta$时，$x\in\mathrm{NEG}(X)$，决策者拒绝事件对象。

B_z'：当$\beta<\mu(x)<\alpha$时，$x\in\mathrm{BND}(X)$，决策者选择延迟决策。

所以，决策者的决策动作由事件对象x的隶属函数值以及阈值对决定。因此隶属函数$\mu(x)$和阈值对(α,β)的确定尤为关键。

2.4　三支决策多类别模型与序贯三支决策基础

2.4.1　决策粗糙集下的多类别分类模型

定义 2-12　四元组决策信息表$\mathrm{IS}=(U,A,V,f)$。其中U为非空有限集合，作为论域；$A=C\cup D$是信息系统上的属性集合，C为条件属性，D为决策属性；V表示属性的取值范围；f表示从对象到属性取值的信息函数，即$f:U\times A\to V$，它指定了U中每个对象x的属性值。$\varOmega=U/D=\{D_1,D_2,\cdots,D_n\}$表示$n$个决策状态集合，给定行动集合$A=\{a_{P_j},a_{B_j},a_{N_j}\}$，其中$a_{P_j},a_{B_j},a_{N_j}$分别表示将对象分类到$\mathrm{POS}(D_j),\mathrm{BND}(D_j),\mathrm{NEG}(D_j)$的三种行为。$\lambda_{P_jD_k},\lambda_{B_jD_k},\lambda_{N_jD_k}$分别表示将一个属于$D_k(k=1,2,\cdots,n)$的对象分类到$D_j$正域$\mathrm{POS}(D_j)$、边界域$\mathrm{BND}(D_j)$和负域$\mathrm{NEG}(D_j)$的损失函数值。

定义 2-13　给定一个决策信息表$\mathrm{IS}=(U,A,V,f)$，$U/C=\{X_1,X_2,\cdots,X_m\}$是根据条件属性$C$进行的等价划分，$U/D=\{D_1,D_2,\cdots,D_n\}$是根据决策属性$D$进行的等价划分。隶属度矩阵$P_C=\Pr(D_j|X_i)$是一个$m\times n$的矩阵，记为

$$P_C=\begin{bmatrix}\Pr(D_1|X_1) & \cdots & \Pr(D_n|X_1)\\ \Pr(D_1|X_2) & \cdots & \Pr(D_n|X_2)\\ \vdots & & \vdots\\ \Pr(D_1|X_m) & \cdots & \Pr(D_n|X_m)\end{bmatrix} \tag{2-27}$$

其中，$\Pr(D_j|X_i)=\dfrac{|D_j\cap X_i|}{|X_i|}$。

相应的代价矩阵 M 是一个 $n\times 3n$ 矩阵，记为

$$M=\begin{array}{c}\begin{array}{ccccccccccc} & D_1 & & & D_2 & & \cdots & & D_n & \end{array}\\ \begin{bmatrix}\lambda_{P_1D_1} & \lambda_{B_1D_1} & \lambda_{N_1D_1} & \lambda_{P_2D_1} & \lambda_{B_2D_1} & \lambda_{N_2D_1} & \cdots & \lambda_{P_nD_1} & \lambda_{B_nD_1} & \lambda_{N_nD_1}\\ \lambda_{P_1D_2} & \lambda_{B_1D_2} & \lambda_{N_1D_2} & \lambda_{P_2D_2} & \lambda_{B_2D_2} & \lambda_{N_2D_2} & \cdots & \lambda_{P_nD_2} & \lambda_{B_nD_2} & \lambda_{N_nD_2}\\ \vdots & \vdots & \vdots & \vdots & \vdots & \vdots & & \vdots & \vdots & \vdots\\ \lambda_{P_1D_n} & \lambda_{B_1D_n} & \lambda_{N_1D_n} & \lambda_{P_2D_n} & \lambda_{B_2D_n} & \lambda_{N_2D_n} & \cdots & \lambda_{P_nD_n} & \lambda_{B_nD_n} & \lambda_{N_nD_n}\end{bmatrix}\end{array} \tag{2-28}$$

考虑到不同决策的误分类代价不同，所以该代价矩阵应有以下特征：

$$\begin{aligned}&\lambda_{P_iD_1}\neq\lambda_{P_iD_2}\neq\cdots\neq\lambda_{P_iD_n}\\ &\lambda_{B_iD_1}\neq\lambda_{B_iD_2}\neq\cdots\neq\lambda_{B_iD_n},\ i=1,2,\cdots,n\\ &\lambda_{N_iD_1}\neq\lambda_{N_iD_2}\neq\cdots\neq\lambda_{N_iD_n}\end{aligned} \tag{2-29}$$

决策风险矩阵 $R=P_C\times M$ 是一个 $m\times 3n$ 的矩阵，记为

$$R=\begin{array}{c}\begin{array}{ccccccc} & D_1 & & \cdots & & D_n & \end{array}\\ \begin{bmatrix}R(a_{P_1}|X_1) & R(a_{B_1}|X_1) & R(a_{N_1}|X_1) & \cdots & R(a_{P_n}|X_1) & R(a_{B_n}|X_1) & R(a_{N_n}|X_1)\\ R(a_{P_1}|X_2) & R(a_{B_1}|X_2) & R(a_{N_1}|X_2) & \cdots & R(a_{P_n}|X_2) & R(a_{B_n}|X_2) & R(a_{N_n}|X_2)\\ \vdots & \vdots & \vdots & & \vdots & \vdots & \vdots\\ R(a_{P_1}|X_m) & R(a_{B_1}|X_m) & R(a_{N_1}|X_m) & \cdots & R(a_{P_n}|X_m) & R(a_{B_n}|X_m) & R(a_{N_n}|X_m)\end{bmatrix}\end{array} \tag{2-30}$$

在决策矩阵中，3 种行为下的期望损失可以分别表示为

$$\begin{aligned}R(a_{P_j}|X_i)&=\sum_{k=1}^{n}\lambda_{P_jD_k}\Pr(D_k|X_i)\\ R(a_{B_j}|X_i)&=\sum_{k=1}^{n}\lambda_{B_jD_k}\Pr(D_k|X_i)\\ R(a_{N_j}|X_i)&=\sum_{k=1}^{n}\lambda_{N_jD_k}\Pr(D_k|X_i)\end{aligned} \tag{2-31}$$

根据最小风险贝叶斯决策推算，可以得到如下形式的决策规则：

若 $R(a_{P_j}|X_i) \leqslant R(a_{B_j}|X_i)$ 且 $R(a_{P_j}|X_i) \leqslant R(a_{N_j}|X_i)$，则 $X_i \in \mathrm{POS}(D_j)$；

若 $R(a_{B_j}|X_i) \leqslant R(a_{P_j}|X_i)$ 且 $R(a_{B_j}|X_i) \leqslant R(a_{N_j}|X_i)$，则 $X_i \in \mathrm{BND}(D_j)$；

若 $R(a_{N_j}|X_i) \leqslant R(a_{P_j}|X_i)$ 且 $R(a_{N_j}|X_i) \leqslant R(a_{B_j}|X_i)$，则 $X_i \in \mathrm{NEG}(D_j)$。

2.4.2　序贯三支决策

三支决策中之所以加入延迟决策，是因为当前获得的决策信息不完善，决策者对决策对象的认知比较模糊，仍需要不断收集对象信息。这种从模糊向清晰认知对象的转化，会使边界域中的对象不断被分类到正域或者负域中，从而形成了一种序贯决策方法。

定义 2-14　给定信息系统 $\mathrm{IS}=(U,C_i \cup D,V_i,f_i),i=1,2,\cdots,n$，$C_i$ 是条件属性，满足 $C_1 \subset C_2 \subset \cdots \subset C_n$。由属性集 $C_i\left(i=1,2,\cdots,n\right)$ 形成的等价关系记为 E_i，对象 $x \in U$ 的等价类记为 $[x]_{E_i}$。假定 $C_1,C_2,\cdots,C_n$ 是 IS 上的一个序贯的条件集合，对于 $\forall x \in U$，有：

$$
\begin{gathered}
E_n \subset \cdots \subset E_2 \subset E_1 \\
[x]_{E_n} \subseteq \cdots \subseteq [x]_{E_2} \subseteq [x]_{E_1}
\end{gathered} \tag{2-32}
$$

定义 2-15　E_i 为 C_i 下的等价关系，$[x]_{C_i}$ 为对象 x 在 C_i 下的等价类，$\mathrm{val}(x)_{C_i}$ 表示 $[x]_{C_i}$ 中对象的条件属性值。构建多层粒结构 IS，IS 的第 i 层粒结构为 IS_i，且 IS 和 IS_i 分别为

$$
\begin{gathered}
\mathrm{IS}=(\mathrm{IS}_1,\mathrm{IS}_2,\cdots,\mathrm{IS}_n) \\
\mathrm{IS}_i=\left(U,E_i,[x]_{C_i},\mathrm{val}(x)_{C_i}\right)
\end{gathered} \tag{2-33}
$$

设 (α_i,β_i) 为第 i 层粒结构下的决策阈值，则基于 (α_i,β_i) 的正域、边界域和负域分别为

$$
\begin{aligned}
\mathrm{POS}_{(\alpha_i,\beta_i)}(X_i) &= \left\{x \in U_i \,\middle|\, \Pr\left(X_i \middle| [x]_{C_i}\right) \geqslant \alpha_i\right\} \\
\mathrm{BND}_{(\alpha_i,\beta_i)}(X_i) &= \left\{x \in U_i \,\middle|\, \beta_i < \Pr\left(X_i \middle| [x]_{C_i}\right) < \alpha_i\right\} \\
\mathrm{NEG}_{(\alpha_i,\beta_i)}(X_i) &= \left\{x \in U_i \,\middle|\, \Pr\left(X_i \middle| [x]_{C_i}\right) \leqslant \beta_i\right\}
\end{aligned} \tag{2-34}
$$

其中，X_i 表示第 i 层粒结构的目标，$X_i \subseteq U_i$，U_i 表示第 i 层粒结构的论域。

在经过 IS_i 的第 i 层决策后，得到正域 $\mathrm{POS}_{(\alpha_i,\beta_i)}(X_i)$、边界域 $\mathrm{BND}_{(\alpha_i,\beta_i)}(X_i)$ 和

负域 $\mathrm{NEG}_{(\alpha_i,\beta_i)}(X_i)$，因为正域和负域中的对象已经划分的比较明确，所以将重点分析边界域中的对象元素。对于边界域中的元素，将在第 $i+1$ 层中重新进行决策，所以有 $U_{i+1}=\mathrm{BND}_{(\alpha_i,\beta_i)}(X_i)$，满足 $U_n\subset\cdots\subset U_2\subset U_1$。此外，还有 $X_{i+1}=X_i\cap\mathrm{BND}_{(\alpha_i,\beta_i)}(X_i)$，满足 $X_n\subset\cdots\subset X_2\subset X_1$。

序贯三支决策过程中，上一层的决策结果会作为下一层决策的输入，因而当前的决策必然会影响接下来一层的决策过程，边界域会在信息的不断加入与决策中逐渐收缩，直至为空或是再也无法获得其余信息来重新决策。这种动态递进的决策思想为人们解决多粒度问题提供了一种实现途径。

2.5　本 章 小 结

本章主要介绍了与三支决策相关的理论知识。首先介绍了三支决策的由来以及基本思想。它是在决策粗糙集模型上提出的一种不确定理论，为粗糙集的 3 个域提供了一种新的解释。然后介绍了它的一些延伸，将其与直觉模糊集结合发展出一种基于直觉模糊集的三支决策理论，能够很好地处理带有模糊性的不确定问题。最后介绍了针对多类别的三支决策理论以及在序贯理论基础上的序贯三支决策模型。

第 3 章　基于直觉模糊三支决策的目标威胁评估

3.1 引　　言

作为空战决策中的核心部分，威胁评估是对整个战场的态势进行估计，估计目标的威胁程度，其目的在于通过对目标威胁进行排序，给决策者提供必要的信息支持，以提高决策的正确性和自身生存能力，保证生存概率达到最高。空战目标信息的不确定性给威胁评估的研究带来了很大的挑战，目前的威胁评估方法通常以获取到准确的目标信息为前提，采用现代分析方法和一些特定的目标属性参数对目标进行威胁评估排序。当收集到的目标信息具有不确定性时，通过传统的评估方法得到的评估结果会存在一定的差异和误差，无法做出正确、合理的评价和决策。同时，传统威胁评估的方法对目标进行简单的二分类，认为目标要么有威胁，要么没有威胁，对于无法确定其是否有威胁的目标，对其做出确定性的决策带来的代价可能要大于不做决策带来的代价。因此，针对现有威胁评估方法存在的这两个问题，提出一种将三支决策引入到威胁评估问题中的思路。

三支决策作为近年来提出的一种处理不确定信息的理论，是一种从决策粗糙集演变而来的模型。三支决策可以将具有随机性、模糊性等特点的不确定信息作为输入，根据一定的评价函数和阈值对整个区域进行分类，将一个统一的集划分成 3 个互不相交的区域，对每个区域制定不同的决策方案，以达到充分利用每一个区域分类结果的目的。三支决策与传统的二支决策相比，在接受和拒绝两种决策之外给出了第 3 种更为中庸的选择——不承诺或者延迟决策，从而避免了直接接受或者拒绝带来的风险，将其引入威胁评估问题的求解中，具有很好的理论价值。根据三支决策的思想将目标根据威胁程度的不同划分为 3 个域：有威胁区域、无威胁区域和潜在威胁区域，为 3 个域制定不同的决策方案，辅助决策者进行决策。

本章将三支决策思想引入目标威胁评估的求解中，为更好地将三支决策与威胁评估结合，引用基于直觉模糊集的三支决策模型，提出一种基于直觉模糊三支决策的威胁评估模型。

3.2 威胁评估理论基础

威胁评估的目的是量化敌方武器和兵力部署对我方造成的威胁程度的大小或

者等级，其前提是建立威胁评估指标体系。空战中影响目标威胁程度的指标有很多，在建立指标体系时必须综合考虑各种因素。为了增加威胁评估的可信度，提高其对复杂环境的适应能力，并且增强空战辅助决策的质量，选取目标空战能力和目标态势信息两大类型的因素作为影响目标威胁评估的指标，建立如图 3-1 所示的威胁评估指标体系。

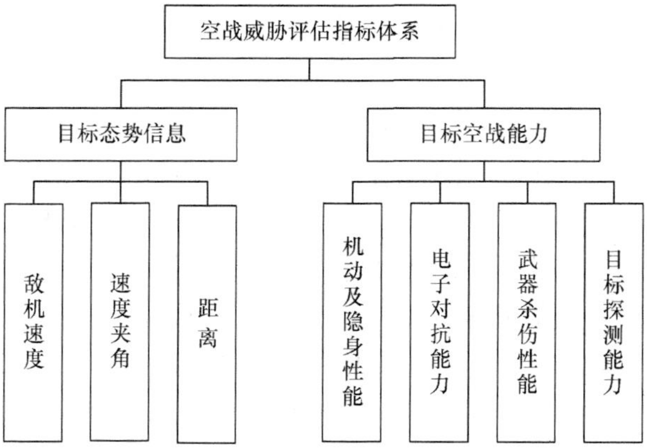

图 3-1　空战威胁评估指标体系

目标空战能力包括目标机动及隐身性能、电子对抗能力、武器杀伤性能，以及目标探测能力等。目标态势信息包括敌机速度、目标与我机之间的速度夹角，以及双方之间的距离。我机与敌方第 i 架战机的空战态势如图 3-2 所示。

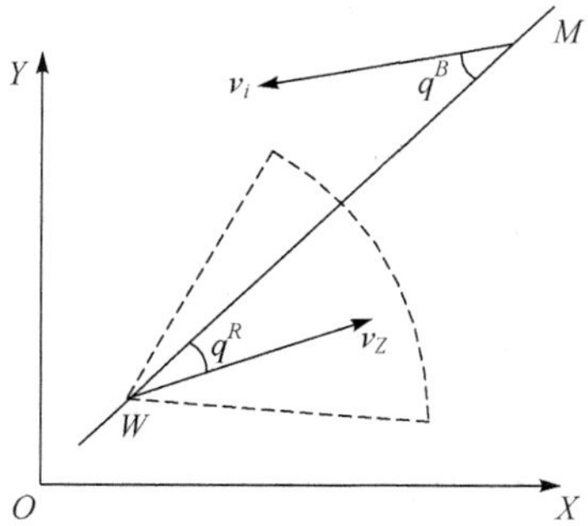

图 3-2　空战态势图

图中 W 表示我方战机，M 表示敌方战机，v_Z 和 v_i 分别表示我方战机与敌方战机的速度矢量，q^R 表示目标视线 MW 与我方战机速度方向夹角，q^B 为 MW 与敌方战机速度方向夹角。在当前态势下，威胁评估指标分别如下所示。

(1) 角度威胁因子：$T_{ai} = q^R + q^B$。

目标航向角反映了目标与我机之间的航路捷径，其值越小，航路捷径便越小，表示目标威胁程度越高，取值范围为0°～360°。

(2) 距离威胁因子：T_{di}。

目标与我机之间的距离反映了目标的攻击意图已经能够达成攻击的可能性，所以目标距离我机越近，对我机的威胁程度越大。

(3) 速度威胁因子：$T_{vi}=v_i$。

目标速度则直接关系到我机的反应时间和毁伤概率，目标速度越快，我机反应时间越短，对我机的威胁程度越大。

空战威胁评估具有以下特点。

(1) 不确定性。

传感器探测能力的局限性，以及复杂电磁环境的存在，使得空战环境中的信息存在不完全、不准确的问题。所以，威胁评估是一个处理各种不确定因素的过程。

(2) 多属性。

影响空战威胁评估的因素很多，不仅包括目标机动及隐身性能、电子对抗能力等目标空战能力，还包括敌我双方距离和敌机速度等目标态势信息，所以威胁评估属于信息不完全、信息不确定的不确定性决策问题。目标的威胁程度由多个属性共同决定，理论上讲，用于进行威胁评估的属性越多，威胁评估的结果越可靠，但实际上，考虑的因素越多，计算复杂性越高，当因素过多时，会产生组合爆炸，所以在威胁评估过程中应进行属性约简，提取关键因素。

(3) 多源性。

为了充分发挥信息化空战的作用，达到对敌机空战态势的精确分析，就必须充分利用多个平台获取的空战环境信息，融合来源于“空天地”环境中的各个平台信息，去除相互间差异性及冲突证据信息，从而对空战战场有准确的把握。

(4) 动态性。

在空战过程中，目标态势、战场环境、气象因素都不是一成不变的，所以威胁评估的过程也是一个时刻变化的过程，具有动态性。

(5) 实时性。

随着高新技术在航空武器中的应用，现代空战变得越发激烈，战斗机在战场环境中的优势稍纵即逝，因此空战威胁评估必须满足实时性要求。

(6) 复杂性。

空战威胁评估也具有复杂性，主要表现在战机间协同关系、人机功能分配关系、人为决策和战场环境的影响关系等，因此对空战威胁评估的描述是十分复杂的。

3.3　三支决策的阈值求解模型

3.3.1　三支决策模型阈值的自适应求解

三支决策粗糙集模型中的重点是损失函数，一般情况下，损失函数的大小是直接给定的，大小大多数情况下，由于先验知识的缺乏，很难获得合适的损失函数，只能根据经验对其大小进行估计。贾修一等[9]提出了一种只根据数据就可以自适应学习三支决策阈值的算法，以数据为输入而不用引入其他先验信息，就可以根据该算法自适应学习到损失函数和阈值，大大简化学习过程。

在三支决策过程中，风险损失函数是很重要的概念。风险损失函数与决策时带来的损失、决策边界的阈值对，以及对象 x 属于类 X 的条件概率之间都是相关的。可以通过一定的方法计算使决策风险最小时的决策阈值对，进而建立三支决策粗糙集模型。因此，本方法以决策风险损失最小为目标，构造一个决策阈值对与决策风险有关的最优化问题，提出一种自适应学习损失函数值和阈值的算法。

该算法的搜索空间由每一个样本的条件概率的集合组成，从其中找到恰当的值作为三支决策的边界阈值，使在该阈值条件下做出的风险损失值最小。

1. 决策风险损失最优化问题

决策粗糙集采用两个状态集 $\Omega=\{X,\neg X\}$ 和 3 个行动集 $A=\{a_P,a_B,a_N\}$ 来描述决策问题。采用一定的方法计算每个对象 x_i 属于状态 X 时的概率大小并把它记作 p_i。根据决策规则，若对象 x_i 满足 $p_i \geqslant \alpha$，则对其采用正规则进行划分；若对象 x_j 满足 $p_j \leqslant \beta$，则对其使用负规则进行划分；若对象 x_k 满足 $\beta < p_k < \alpha$，则对其采用边界规则进行划分。假设 $\lambda_{PP}=\lambda_{NN}=0$，则此时根据表 2-2 对每个对象进行划分后所带来的风险损失总和为

$$\begin{aligned} R = & \sum_{x_i \in \mathrm{POS}(X)} \lambda_{PN}(1-p_i) + \sum_{x_j \in \mathrm{NEG}(X)} \lambda_{NP} p_j \\ & + \sum_{x_k \in \mathrm{BND}(X)} \left[\lambda_{BN}(1-p_k)+\lambda_{BP} p_k\right] \end{aligned} \tag{3-1}$$

根据风险损失总和越小越好的准则，该最优化问题可以转化成以下形式：

$$\begin{aligned} & \min \sum_{p_i \geqslant \alpha} \lambda_{PN}(1-p_i) + \sum_{p_j \leqslant \beta} \lambda_{NP} p_j + \varepsilon \sum_{\beta < p_k < \alpha} \left[\lambda_{BN}(1-p_k)+\lambda_{BP} p_k\right] \\ & \text{s.t.} \quad 0 \leqslant \beta < \alpha \leqslant 1, \ \ \varepsilon \geqslant 1 \end{aligned} \tag{3-2}$$

其中，ε 为惩罚因子，避免将过多的样本划分到边界域中。

阈值 (α,β,γ) 能够根据 λ_{PN} 等 6 个损失函数值的大小求出，假定 $\lambda_{PP}=\lambda_{NN}=0$，那么另外 4 个损失函数的大小能够根据式(2-9)推导求出，表示如下：

$$\lambda_{NP} = \frac{1-\gamma}{\gamma}\lambda_{PN}$$
$$\lambda_{BN} = \frac{\beta(\alpha-\gamma)}{\gamma(\alpha-\beta)}\lambda_{PN} \tag{3-3}$$
$$\lambda_{BP} = \frac{(1-\alpha)(\gamma-\beta)}{\gamma(\alpha-\beta)}\lambda_{PN}$$

根据式(3-3)可知，所有的损失函数值都可以根据相应的比值关系求得，假定$\lambda_{PN}=1$，则可以将最终优化问题转化为

$$\min \sum_{p_i \geqslant \alpha}(1-p_i)+\sum_{p_j \leqslant \beta}\frac{1-\gamma}{\gamma}p_j+\varepsilon\sum_{\beta<p_k<\alpha}\left[\frac{\beta(\alpha-\gamma)}{\gamma(\alpha-\beta)}(1-p_k)+\frac{(1-\alpha)(\gamma-\beta)}{\gamma(\alpha-\beta)}p_k\right] \tag{3-4}$$

s.t.　$0 \leqslant \beta < \gamma < \alpha \leqslant 1,\ \varepsilon \geqslant 1$

对式(3-4)表示的最优化问题进行求解，即可以求出每一个阈值的确切值，然后根据阈值来进一步计算每一个损失函数的大小。此时求解出的阈值和损失函数的值即为要求的最优解，该解可以使决策表下的损失和最小。

2. 自适应求阈值算法

因为要求解的阈值具有连续性，所以不可能通过穷举法来进行求解。如果把求解范围限定为所有对象的概率值组成的集合，那么就可以把一个无穷的搜索问题转化为一个有穷的搜索问题。该方法有两个优点，一是求解结果与数据本身是相关的，二是能够发现一些位于决策边界的对象，以便用户对其进行进一步的操作。

该自适应损失函数求解算法 ALCFA(adaptive learning cost functions algorithm)的基本思想如下：假定从当前给定的样本$X=\{x_1,x_2,\cdots,x_{i-1}\}$中学习到的决策阈值为$(\alpha,\beta,\gamma)$，则可根据阈值计算当前所有样本的风险损失总和$R_X$。当又来了一个样本$x_i$时，根据其概率值$p_i$和阈值$(\alpha,\beta,\gamma)$计算当前新的样本集合$X'=X\cup\{x_i\}$的风险损失总和$R_{X'}$，记为$\mathrm{Min}_R$。然后用概率值$p_i$依次取代阈值$(\alpha,\beta,\gamma)$，分别得到一个新的阈值$(\alpha',\beta',\gamma')$，计算在新阈值下当前样本集合的风险损失总和$R'_{X'}$。比较当前的损失总和$R'_{X'}$与$\mathrm{Min}_R$的大小关系，若满足条件$R'_{X'}<\mathrm{Min}_R$，则将阈值$(\alpha,\beta,\gamma)$更新为$(\alpha',\beta',\gamma')$；否则不改变阈值$(\alpha,\beta,\gamma)$的大小。当来了下一个样本$x_{i+1}$时，也对其执行一样的步骤，直到所有样本都被遍历一遍，此时阈值(α,β,γ)的大小即为最终结果。

在该算法中至关重要的步骤是依次用概率值p_i替代 3 个阈值(α,β,γ)，举例如下：当用p_i替代α时，$\alpha'=p_i$，如果$\gamma \leqslant p_i$且$\beta \leqslant p_i$，则条件$\beta<\gamma<\alpha'$是满足的，β和γ保持不变，新的候选阈值为(α',β,γ)。如果$p_i \leqslant \beta$或者$p_i \leqslant \gamma$，则条件$\beta<\gamma<\alpha'$是不满足的，能够用多种方法来解决该问题，本节选择的方法是在一定程度上减小β和γ的值，减小后的值为$\beta'=p_i(1-0.000005)$和$\gamma'=p_i(1-0.000001)$，

新的候选阈值为 (α',β',γ')，也可采用 $\beta'<1-p_i$ 等其他方式。同理，可相应的替代 β 和 γ，详细算法流程如图 3-3 所示。

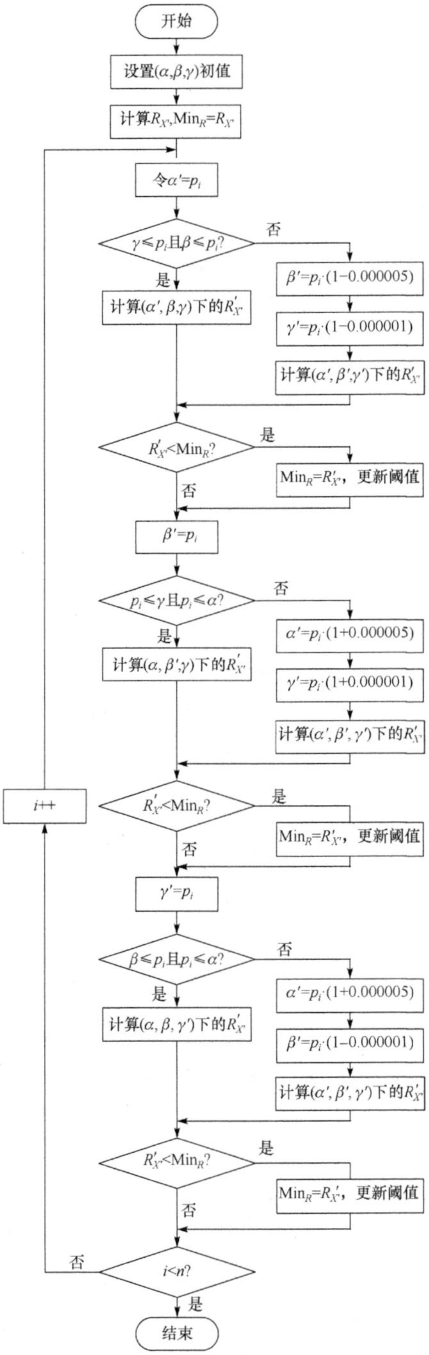

图 3-3　自适应求三支决策阈值算法的流程图

3.3.2　一种改进型自适应求三支决策阈值的算法

贾修一等[9]提出的自适应求三支决策阈值的算法为我们提供了一种求阈值的思路，即将阈值求解的问题转化为决策风险损失最优化问题。在该算法求阈值的过程中，每次新来一个样本，即考虑用它的概率值来依次替代阈值 α , β 和 γ ，并且若新来的样本值导致阈值不满足 $\alpha > \gamma > \beta$ 的条件时，则对样本概率值进行一定的处理，再进行替代。这种算法虽然以样本数据作为搜索域，能够反映数据本身与阈值结果之间的关系，但是也存在一个问题，就是该算法可能会得出一个范围很极端的阈值区间。

以下面这种情况为例：当用 p_i 替代 α 时， $\alpha'=p_i$ ，如果 $p_i \leqslant \beta$ 或者 $p_i \leqslant \gamma$ ，则不满足 $\beta < \gamma < \alpha'$ 的条件，自适应求解阈值的算法选择相应的减小 β 、γ 值来使其满足 $\beta < \gamma < \alpha'$ 的条件，新的值为 $\beta'=p_i(1-0.000005)$ 和 $\gamma'=p_i(1-0.000001)$ 。如果选择这种处理方法，那么此时新的 α' 、 β' 和 γ' 三者之间数据大小十分接近。如果当前求解的决策风险损失和最小，那么阈值求解的结果将会得到一个 α 、 β 和 γ 三者十分接近的值。该值是一种极端值，以这 3 个值作为阈值对目标进行划分，会得到一个边界域几乎为 0 的三支决策结果，这种结果很显然是没有意义的。

算法存在的另一个问题是数据的输入顺序会影响算法的结果。该算法的计算步骤是依次将新来的样本概率值加入到现存的样本集合中，通过判断新样本加入后的损失和的大小来判断是否接受这个新的样本值，所以样本加入的顺序会对结果产生影响，影响算法的稳定性。在后续的仿真验证中将对这两个问题进一步分析。

考虑到自适应求三支决策阈值算法可能存在的这两个问题，本节提出一种改进型求阈值的算法，在求解阈值时，限定其搜索空间为所有对象的概率值的集合，具体思路如下所示。

(1) 首先设置阈值初值，计算在初始阈值情况下的损失总和 R_X ，并将其记为 Min_R 。

(2) 对所有对象按照概率值的大小进行排序，大的在前，小的在后。

(3) 用目标对象的概率值来代替阈值 (α,β,γ) 。按照顺序，依次取出所有满足 $\alpha > \gamma > \beta$ 条件的阈值组合，并给阈值重新赋值为 (α',β',γ') 。

(4) 重新计算新阈值下的样本集合的风险损失总和 R'_X ，如果 $R'_X < \mathrm{Min}_R$ ，则将阈值 (α,β,γ) 更新为 (α',β',γ') ，否则阈值不变。

(5) 判断满足 $\alpha > \gamma > \beta$ 条件的阈值组合的所有可能是否已经被遍历完全，如果是，执行步骤(6)；否则，转到步骤(3)，直到遍历完所有的组合。

(6) 最后的阈值 (α,β,γ) 即为要求的结果。

算法的流程如图 3-4 所示。

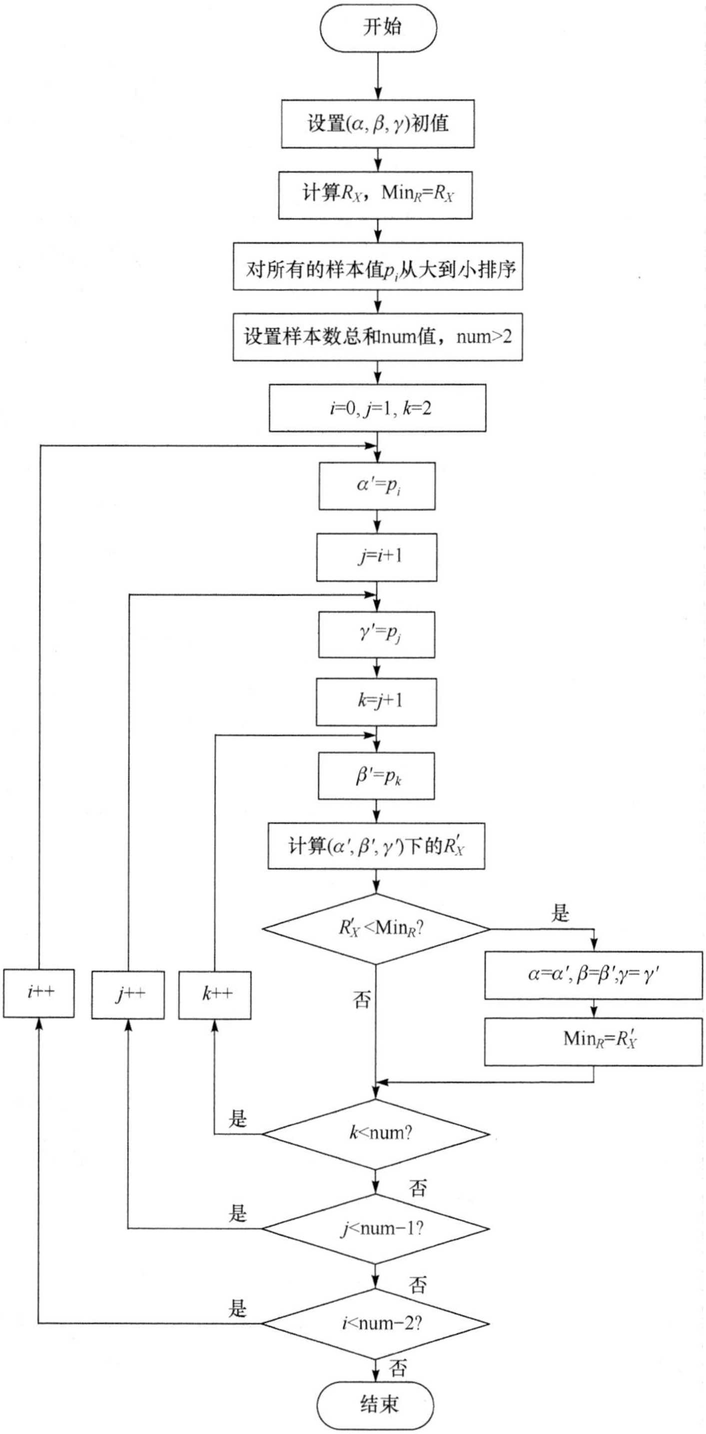

图 3-4　改进型自适应求三支决策阈值算法的流程图

为了更好地解决空战威胁评估中的不确定性，本节将基于直觉模糊集的三支决策模型应用到空战威胁评估问题中。首先介绍了威胁评估的理论基础，确定了包括威胁指标在内的威胁评估体系；然后介绍威胁指标的表示方法，威胁度的求解方法，以及求阈值的算法。

3.4　基于模糊三支决策的空战威胁评估

针对威胁指标值为定性指标和定量指标兼具，并且属性权重信息未知的威胁评估问题，提出基于直觉模糊三支决策的空战威胁评估方法。先将威胁因子用直觉模糊数描述，即将不确定性问题转化成了确定性问题；然后根据基于模糊熵的方法确定各个属性的权重，进而确定各目标的威胁值，并根据 TOPSIS 方法对目标进行威胁排序。

3.4.1　目标属性矩阵的确定

根据图 3-1 中目标空战能力和目标态势信息构建目标威胁评估指标体系。首先确定目标空战能力因子的种类和表现形式。目标空战能力主要包括武器杀伤性能和隐身能力等。空战环境具有很大的不确定性，指挥人员对于武器杀伤性能和隐身能力等信息的估计很难用精确值来描述，只能根据战场经验对目标采用模糊语言来描述，模糊语言是一种更具综合性和灵活性的语言，很适合描述目标类型、干扰能力这种很难量化的定性指标。

然后确定目标态势信息的种类和表现形式。目标态势信息包括目标速度、目标与我机的速度方向夹角以及目标与我机之间的距离。这 3 个指标都属于定量指标，一般通过传感器获得，由于空战环境的复杂性和不确定性，传感器获取的信息具有不完全性、不确定性和不可靠性的特点，所以获取的目标属性信息往往是不确切的，但是可以大致确定其上下界，可以采用区间数描述。区间数是一种处理不确定性、不完全性数学问题的有效方法，在描述这类信息时具有一定的优势，所以采用区间数来描述目标的不完全属性信息是可行的。区间数的理论如下所示。

设 $\tilde{a}=[a^L,a^U]=\left\{x\,|\,a^L\leqslant x\leqslant a^U,a^L,a^U\in\mathbf{R}\right\}$ 是实数轴上的一个闭区间，那么称 $\tilde{a}$ 为区间数。如果其满足条件 $\tilde{a}=\left\{x\,|\,0\leqslant a^L\leqslant x\leqslant a^U\right\}$，那么称 $\tilde{a}$ 为正闭区间；如果满足条件 $a^L=a^U$，那么 $\tilde{a}$ 退化为一个实数。区间数是一种特殊的模糊数，它是梯形模糊数的一个特例，也可以看作是实数的扩展。从 $\tilde{a}=[a^L,c^U]$ 看出 x 可以取区间 $[a^L,a^U]$ 中的任何一点。区间数的运算法则如下所示。

(1) 加法运算：

$$\tilde{a}+\tilde{b}=[a^L+b^L,a^U+b^U] \tag{3-5}$$

(2) 减法运算：

$$\tilde{a}-\tilde{b}=[a^L-b^L,a^U-b^U] \tag{3-6}$$

(3) 数乘运算：

$$k\tilde{a}=[ka^L,ka^U] \tag{3-7}$$

(4) 乘法运算：

$$\tilde{a}\cdot\tilde{b}=[\min\{a^Lb^L,a^Lb^U,a^Ub^L,a^Ub^U\},\max\{a^Lb^L,a^Lb^U,a^Ub^L,a^Ub^U\}] \tag{3-8}$$

(5) 除法运算：

$$\frac{\tilde{a}}{\tilde{b}}=[a^L,a^U]\cdot\left[\frac{1}{b^U},\frac{1}{b^L}\right] \tag{3-9}$$

根据上述方法来描述目标威胁评估指标体系，用模糊语言来描述武器杀伤性能和隐身能力，用区间数描述目标速度、距离和角度，则得到的目标属性矩阵如表 3-1 所示。

表 3-1　目标属性矩阵

目标	武器杀伤	隐身能力	速度	距离	角度
T_1	高	强	$[a_{12}^L,a_{12}^H]$	$[a_{13}^L,a_{13}^H]$	$[a_{14}^L,a_{14}^H]$
T_2	一般	一般	$[a_{22}^L,a_{22}^H]$	$[a_{23}^L,a_{23}^H]$	$[a_{24}^L,a_{24}^H]$
…	…	…	…	…	…
T_i	较低	高	$[a_{i2}^L,a_{i2}^H]$	$[a_{i3}^L,a_{i3}^H]$	$[a_{i4}^L,a_{i4}^H]$
…	…	…	…	…	…
T_m	高	低	$[a_{m2}^L,a_{m2}^H]$	$[a_{m3}^L,a_{m3}^H]$	$[a_{m4}^L,a_{m4}^H]$

3.4.2　直觉模糊矩阵

3.4.1 小节将目标信息采用模糊语言和区间数的形式描述出来，并没有对数据进行量化，本节对数据进行处理。不同的指标可能采用不同的表示类型，所以应采用相应的方式对其进行量化和归一化处理。我们选取直觉模糊数作为目标属性指标的表示形式，所以应考虑如何将模糊评价数据、实数型数据和区间型数据量化成模糊数的形式，并确定其隶属度、非隶属度等数值，以便对目标威胁值进行准确评估。下面针对不同类型的指标进行处理。

1. 目标空战能力威胁因子

目标空战能力包括武器杀伤性能和隐身能力，由模糊语言描述。为了提高精度，将空战能力的模糊语言分为 5 个等级，每个等级采用不同的隶属度和非隶属度来描述。目标的空战能力越强，其威胁值越大；空战能力越弱，其威胁值越小。空战能力与直觉模糊集对应关系如表 3-2 所示。

表 3-2　目标空战能力与直觉模糊集对应关系

模糊语言	隶属度	非隶属度	等级
高	0.90	0.05	1
较高	0.75	0.10	2
一般	0.55	0.25	3
较低	0.50	0.25	4
低	0.50	0.20	5

2. 目标态势信息

目标态势信息包括目标速度、目标与我机的速度方向夹角以及目标距离我机的距离，均用区间型指标来表示。设目标 T_i 关于属性 C_j 的度量值为一个区间数 $[a_{ij}^L, a_{ij}^U]$，$i=1,2,\cdots,m$，$j=1,2,\cdots,n$，一般情况下都会使用均值法简化区间数，这样的做法可以大大减少工作量，但是也会使数据的精度不够，进一步导致决策者对目标威胁程度的判断不够精确。为了能够合理地描述区间数，同时保证其精度，将其转化成直觉模糊数。

首先介绍实数型指标转化为直觉模糊数的过程。实数型指标分为两种，成本型指标和效益型指标。成本型指标又称为越小越好型指标，用隶属度和非隶属度表示：

$$\begin{cases} \mu_{ij} = p\dfrac{\min\limits_{1\leqslant k\leqslant m}(x_{kj})}{x_{ij}}, 0\leqslant p\leqslant 1 \\ \nu_{ij} = q\dfrac{\min\limits_{1\leqslant k\leqslant m}(x_{kj})}{x_{ij}}, 0\leqslant q\leqslant 1 \end{cases} \tag{3-10}$$

其中，$i=1,2,\cdots,m;\ j=1,2,\cdots,n$。

而效益型指标又称为越大越好型指标，其隶属度和非隶属度可由式(3-11)确定。

$$\begin{cases} \mu_{ij} = \alpha \dfrac{x_{ij}}{\max\limits_{1 \leqslant k \leqslant m}(x_{kj})}, 0 \leqslant \alpha \leqslant 1 \\ \nu_{ij} = \beta \dfrac{x_{ij}}{\max\limits_{1 \leqslant k \leqslant m}(x_{kj})}, 0 \leqslant \beta \leqslant 1 \end{cases} \tag{3-11}$$

其中，$0 \leqslant \alpha + \beta \leqslant 1$。

区间型指标也分为效益型指标和成本型指标。效益型区间型指标的具体形式如式(3-12)所示：

$$[b_{ij}^L, b_{ij}^U] = \left[\frac{a_{ij}^L}{\max\limits_{1 \leqslant k \leqslant m}(a_{kj}^U)}, \frac{a_{ij}^U}{\max\limits_{1 \leqslant k \leqslant m}(a_{kj}^U)} \right] \tag{3-12}$$

其中，$i = 1, 2, \cdots, m$，$j = 1, 2, \cdots, n$。

同理，对于成本型指标，则有

$$[b_{ij}^L, b_{ij}^U] = \left[\frac{\max\limits_{1 \leqslant k \leqslant m}(a_{kj}^L)}{a_{ij}^U}, \frac{\max\limits_{1 \leqslant k \leqslant m}(a_{kj}^L)}{a_{ij}^L} \right] \tag{3-13}$$

规范化后的区间数转化为直觉模糊数隶属度和非隶属度的定义为

$$\mu_{ij} = \gamma \frac{b_{ij}^U}{\max\limits_{1 \leqslant k \leqslant m}(b_{kj}^U)} \tag{3-14}$$

$$\nu_{ij} = 1 - \mu_{ij} - \frac{b_{ij}^U - b_{ij}^L}{b_{ij}^U + b_{ij}^L} \tag{3-15}$$

其中，γ 为乐观指数，$\gamma \in [0.5, 1]$。

目标速度属于效益型区间指标，目标速度越大，其威胁值越大；反之，速度越小，其威胁值也就越小。速度威胁因子的隶属度和非隶属度的计算公式参考式(3-12)。

目标距离以及目标与我机速度方向之间的夹角均属于成本型区间指标，目标与我机之间的距离越小，对我机的威胁值越大；反之，距离越大，对我机的威胁值越小。同理，目标与我机之间的夹角越小，威胁值越大；反之，夹角越大，威胁值越小。距离威胁因子和角度威胁因子的隶属度和非隶属度的计算公式参考式(3-13)。

根据上面的方法，对目标信息矩阵的值进行处理，得到直觉模糊决策矩阵 F：

$$F = (f_{ij})_{m \times n} = (< \mu_{ij}, \nu_{ij} >)_{m \times n} \tag{3-16}$$

其中，f_{ij} 为目标 T_i 的第 j 个指标的直觉模糊数，$f_{ij} = < \mu_{ij}, \nu_{ij} >$。

3.4.3　目标属性权重的计算

根据指标的直觉模糊熵确定目标属性权重。

定义 3-1　设直觉模糊集的论域为 $X=\{x_1,x_2,\cdots,x_n\}$，若

$$E(A)=-\frac{1}{n}\sum_{i=1}^{n}\left\{\left[\mu_A(x_i)+\frac{\pi_A(x_i)}{2}\right]\log_2\left[\mu_A(x_i)+\frac{\pi_A(x_i)}{2}\right]+\left[\nu_A(x_i)+\frac{\pi_A(x_i)}{2}\right]\log_2\left[\nu_A(x_i)+\frac{\pi_A(x_i)}{2}\right]\right\} \tag{3-17}$$

其中，$E(A)$ 为 A 的直觉模糊熵，简称信息熵。

则属性 C_j 对应的权重为

$$\omega_j=\frac{1-E_j}{n-\sum_{j=1}^{n}E_j} \tag{3-18}$$

目标 T_i 对应的属性权重为

$$\omega=(\omega_1,\omega_2,\cdots,\omega_n) \tag{3-19}$$

3.4.4　加权直觉模糊矩阵的求解

定义 3-2　$\alpha_j=(\mu_{A_j}(x),\nu_{A_j}(x))$，$j=1,2,\cdots,n$ 为 n 个直觉模糊数，有：

$$\begin{aligned}\mathrm{IFWA}_{\omega}(\alpha_1,\alpha_2,\cdots,\alpha_n)&=\sum_{j=1}^{n}\omega_j\alpha_j\\&=(1-\sum_{j=1}^{n}(1-\mu_{A_j}(x))^{\omega_j},\sum_{j=1}^{n}\nu_{A_j}(x)^{\omega_j})\end{aligned} \tag{3-20}$$

其中，IFWA 为直觉模糊加权平均算子；ω_j 为属性 j 的权重，$\omega_j\geqslant 0$，且 $\sum_{j=1}^{n}\omega_j=1$。

根据直觉模糊加权平均算子确定每个目标的综合评价直觉模糊值。由式(3-19)得到的目标属性权重 ω，计算基于属性权重的加权直觉模糊决策矩阵。

$$R=(r_{ij})_{m\times n}=(<\alpha_{ij},\beta_{ij}>)_{m\times n} \tag{3-21}$$

其中，r_{ij} 为目标 T_i 的第 j 个属性的加权直觉模糊数：

$$r_{ij}=<\alpha_{ij},\beta_{ij}>$$

$$\begin{aligned}<\alpha_{ij},\beta_{ij}>&=\omega_j\cdot<\mu_{ij},\nu_{ij}>\\&=<1-(1-\mu_{ij})^{\omega_j},(\nu_{ij})^{\omega_j}>\end{aligned}$$

其中，α_{ij} 为隶属度；β_{ij} 为非隶属度。

3.4.5 基于模糊三支决策的威胁评估

目标威胁排序是通过决策矩阵在目标方案集上建立一个测度，然后根据测度进行排序，所以采用 TOPSIS 方法对目标进行威胁排序。TOPSIS 方法是一种求解多目标决策的方法，它的求解思路是先选取一个正理想解和一个负理想解；然后依次计算每个目标与二者之间的距离；再根据距离大小的不同对目标进行排序。若目标距离正理想解越近，距离负理想解越远，那么目标的威胁值就越大。威胁评估流程图如图 3-5 所示。

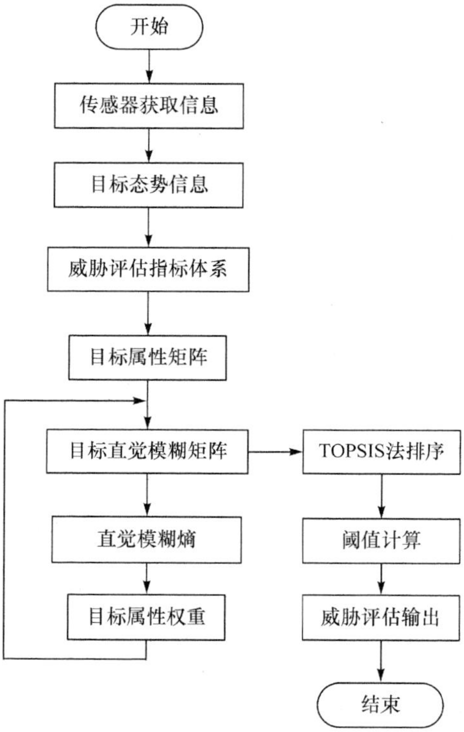

图 3-5 基于直觉模糊三支决策的空战威胁评估流程图

具体步骤如下所示。

(1) 确定目标属性矩阵。用模糊语言描述目标类型和目标干扰能力；用区间数描述目标速度大小、目标与我机之间的距离和夹角。

(2) 确定目标直觉模糊矩阵。对模糊语言和区间数进行模糊化处理，用隶属度和非隶属度描述目标属性值。

(3) 确定目标加权直觉模糊矩阵。

(4) 确定正理想解和负理想解。正理想解为每个指标都取使威胁值最大的值时组成的解。对于效益型指标，正理想解取指标最大值；对于成本型指标，正理想解取指标最小值。负理想解与之相反。

对于加权直觉模糊矩阵 R 来说，其正理想解 R^+ 和负理想解 R^- 的计算公式如下：

$$R^+ = (<\alpha_1^+,\beta_1^+>,<\alpha_2^+,\beta_2^+>,\cdots,<\alpha_n^+,\beta_n^+>) \tag{3-22}$$

$$R^- = (<\alpha_1^-,\beta_1^->,<\alpha_2^-,\beta_2^->,\cdots,<\alpha_n^-,\beta_n^->) \tag{3-23}$$

其中，$\alpha_j^+=\max\limits_{1\leqslant i\leqslant m}\mu_{ij}$，$\beta_j^+=\min\limits_{1\leqslant i\leqslant m}\nu_{ij}$，$\alpha_j^-=\min\limits_{1\leqslant i\leqslant m}\alpha_{ij}$，$\beta_j^-=\max\limits_{1\leqslant i\leqslant m}\beta_{ij}$，$j=1,2,\cdots,n$。

(5) 计算每个目标到正理想解和负理想解的距离。

取 $R_i=(<\alpha_{i1},\beta_{i1}>,<\alpha_{i2},\beta_{i2}>,\cdots,<\alpha_{in},\beta_{in}>)$ 表示目标 T_i 的加权直觉模糊向量。用 R_i 与 R^+ 之间的欧几里得距离 S_i^+ 表示目标 T_i 到正理想解的距离，S_i^+ 计算公式如下：

$$S_i^+ = d_2(R_i,R^+)=\sqrt{\frac{1}{2n}\sum_{j=1}^{n}[(\alpha_{ij}-\alpha_j^+)^2+(\beta_{ij}-\beta_j^+)^2+(\pi_{ij}-\pi_j^+)^2]} \tag{3-24}$$

其中：

$$\pi_{ij}=1-\alpha_{ij}-\beta_{ij}$$

$$\pi_j^+=1-\alpha_j^+-\beta_j^+$$

同理，用直觉模糊集 R_i 与 R^- 之间的欧几里得距离 S_i^- 表示目标 T_i 到负理想解的距离，S_i^- 计算公式如下：

$$S_i^- = d_2(R_i,R^-)=\sqrt{\frac{1}{2n}\sum_{j=1}^{n}[(\alpha_{ij}-\alpha_j^-)^2+(\beta_{ij}-\beta_j^-)^2+(\pi_{ij}-\pi_j^-)^2]} \tag{3-25}$$

(6) 计算各方案的相对贴近度：

$$W_i=\frac{S_i^-}{S_i^-+S_i^+} \tag{3-26}$$

各个方案的相对贴近度即为目标威胁度，根据贴近度的大小对方案进行排序，贴近度越高表示威胁越大，贴近度越低表示威胁越小。

(7) 阈值对 (α,β) 的求解。

以目标威胁度为输入，根据上面提出的改进型自适应求阈值的算法，计算威胁评估问题的阈值对。

(8) 根据阈值对 (α,β) 对目标所处威胁区域进行划分。

对于威胁度大于阈值α的目标，将其划分到有威胁区域；对于威胁度小于β的目标，将其划分到无威胁区域；对于威胁度介于α和β二者之间的目标，将其划分到潜在威胁区域。

3.5 仿真验证与分析

3.5.1 目标威胁评估仿真

对 20 个目标 (Ta1～Ta20) 进行仿真，仿真步骤和数据如下。

1) 建立目标信息矩阵

采用模糊语言描述目标类型和干扰能力，采用区间数描述目标速度、目标与我方的距离以及角度，得到目标信息矩阵如表 3-3 所示。

表 3-3 目标信息矩阵

目标	武器杀伤	隐身能力	速度/(m/s)	距离/m	角度/(°)
Ta1	高	高	[890,910]	[99800,100200]	[0.9,1.1]
Ta2	高	较高	[410,430]	[299800,300200]	[5.9,6.1]
Ta3	高	较低	[570,590]	[209800,210200]	[11.9,12.1]
Ta4	高	低	[490,510]	[89800,90200]	[17.9,18.1]
Ta5	高	高	[1090,1110]	[149800,150200]	[0.9,1.1]
Ta6	高	较高	[910,930]	[119800,120200]	[5.9,6.1]
Ta7	高	较低	[970,990]	[289800,290200]	[11.9,12.1]
Ta8	高	低	[490,510]	[359800,360200]	[17.9,18.1]
Ta9	高	高	[790,810]	[99800,100200]	[0.9,1.1]
Ta10	高	较高	[410,430]	[349800,350200]	[5.9,6.1]
Ta11	较高	较低	[790,810]	[279800,280200]	[7.9,8.1]
Ta12	较高	低	[1190,1210]	[149800,150200]	[4.9,5.1]
Ta13	较高	高	[590,610]	[79800,80200]	[2.9,3.1]
Ta14	较高	较高	[410,430]	[99800,100200]	[5.9,6.1]
Ta15	较高	较低	[930,950]	[199800,200200]	[0.9,1.1]
Ta16	较高	低	[490,510]	[299800,300200]	[11.9,12.1]
Ta17	较高	低	[790,810]	[509800,10200]	[1.9,2.1]
Ta18	较低	高	[50,70]	[59800,60200]	[5.9,6.1]
Ta19	较低	较高	[70,90]	[79800,80200]	[11.9,12.1]
Ta20	较低	较高	[30,50]	[119800,120200]	[17.9,18.1]

2) 建立直觉模糊矩阵

对目标属性矩阵进行处理，得到的矩阵如表 3-4 所示。

表 3-4　目标直觉模糊矩阵

目标	武器杀伤	隐身能力	速度	距离	角度
Ta1	<0.900,0.050>	<0.900,0.050>	<0.602,0.387>	<0.480,0.519>	<0.800,0.100>
Ta2	<0.900,0.050>	<0.750,0.100>	<0.284,0.692>	<0.160,0.840>	<0.122,0.861>
Ta3	<0.900,0.050>	<0.500,0.250>	<0.390,0.593>	<0.228,0.771>	<0.061,0.931>
Ta4	<0.900,0.050>	<0.500,0.200>	<0.337,0.643>	<0.533,0.466>	<0.040,0.954>
Ta5	<0.900,0.050>	<0.900,0.050>	<0.734,0.257>	<0.320,0.680>	<0.800,0.100>
Ta6	<0.900,0.050>	<0.750,0.100>	<0.615,0.374>	<0.400,0.600>	<0.122,0.861>
Ta7	<0.900,0.050>	<0.500,0.250>	<0.655,0.335>	<0.165,0.834>	<0.061,0.931>
Ta8	<0.900,0.050>	<0.500,0.200>	<0.337,0.643>	<0.133,0.867>	<0.040,0.954>
Ta9	<0.900,0.050>	<0.900,0.050>	<0.536,0.452>	<0.480,0.519>	<0.800,0.100>
Ta10	<0.900,0.050>	<0.750,0.100>	<0.284,0.692>	<0.137,0.863>	<0.122,0.861>
Ta11	<0.750,0.100>	<0.500,0.250>	<0.536,0.452>	<0.171,0.828>	<0.091,0.896>
Ta12	<0.750,0.100>	<0.500,0.200>	<0.800,0.192>	<0.320,0.680>	<0.147,0.833>
Ta13	<0.750,0.100>	<0.900,0.050>	<0.403,0.580>	<0.600,0.399>	<0.248,0.718>
Ta14	<0.750,0.100>	<0.750,0.100>	<0.284,0.692>	<0.480,0.519>	<0.122,0.861>
Ta15	<0.750,0.100>	<0.500,0.250>	<0.628,0.361>	<0.240,0.760>	<0.800,0.100>
Ta16	<0.750,0.100>	<0.500,0.200>	<0.337,0.643>	<0.160,0.840>	<0.061,0.931>
Ta17	<0.750,0.100>	<0.500,0.200>	<0.536,0.452>	<0.094,0.906>	<0.379,0.571>
Ta18	<0.500,0.250>	<0.900,0.050>	<0.046,0.787>	<0.800,0.198>	<0.122,0.861>
Ta19	<0.500,0.250>	<0.750,0.100>	<0.060,0.815>	<0.600,0.399>	<0.061,0.931>
Ta20	<0.500,0.250>	<0.750,0.100>	<0.033,0.717>	<0.400,0.600>	<0.040,0.954>

3) 计算目标属性权重

根据指标的直觉模糊熵确定目标属性权重，得到目标属性权重表如表 3-5 所示。

表 3-5　目标属性权重

类型	武器杀伤	隐身能力	速度	距离	角度
权重	0.124336	0.214676	0.30383	0.265945	0.091213

4) 建立加权直觉模糊决策矩阵

根据表 3-5 的目标属性权重和表 3-4 的目标直觉模糊矩阵，计算目标的加权直觉模糊决策矩阵，如表 3-6。

表 3-6　加权直觉模糊决策矩阵

目标	武器杀伤	隐身能力	速度	距离	角度
Ta1	<0.249,0.689>	<0.390,0.526>	<0.244,0.750>	<0.159,0.840>	<0.137,0.811>
Ta2	<0.249,0.689>	<0.257,0.610>	<0.097,0.894>	<0.045,0.955>	<0.012,0.986>
Ta3	<0.249,0.689>	<0.138,0.743>	<0.139,0.853>	<0.067,0.933>	<0.006,0.994>
Ta4	<0.249,0.689>	<0.138,0.708>	<0.117,0.874>	<0.183,0.816>	<0.004,0.996>
Ta5	<0.249,0.689>	<0.390,0.526>	<0.331,0.662>	<0.097,0.902>	<0.137,0.811>
Ta6	<0.249,0.689>	<0.257,0.610>	<0.252,0.742>	<0.127,0.873>	<0.012,0.986>
Ta7	<0.249,0.689>	<0.138,0.743>	<0.276,0.717>	<0.047,0.953>	<0.006,0.994>
Ta8	<0.249,0.689>	<0.138,0.708>	<0.117,0.874>	<0.037,0.963>	<0.004,0.996>
Ta9	<0.249,0.689>	<0.390,0.526>	<0.208,0.786>	<0.159,0.840>	<0.137,0.811>
Ta10	<0.249,0.689>	<0.257,0.610>	<0.097,0.894>	<0.038,0.962>	<0.012,0.986>
Ta11	<0.158,0.751>	<0.138,0.743>	<0.208,0.786>	<0.049,0.951>	<0.009,0.990>
Ta12	<0.158,0.751>	<0.138,0.708>	<0.387,0.605>	<0.097,0.902>	<0.014,0.983>
Ta13	<0.158,0.751>	<0.390,0.526>	<0.145,0.847>	<0.216,0.783>	<0.026,0.970>
Ta14	<0.158,0.751>	<0.257,0.610>	<0.097,0.894>	<0.159,0.840>	<0.012,0.986>
Ta15	<0.158,0.751>	<0.138,0.743>	<0.260,0.734>	<0.070,0.930>	<0.137,0.811>
Ta16	<0.158,0.751>	<0.138,0.708>	<0.117,0.874>	<0.045,0.955>	<0.006,0.994>
Ta17	<0.158,0.751>	<0.138,0.708>	<0.208,0.786>	<0.026,0.974>	<0.043,0.950>
Ta18	<0.083,0.842>	<0.390,0.526>	<0.014,0.930>	<0.348,0.650>	<0.012,0.986>
Ta19	<0.083,0.842>	<0.257,0.610>	<0.018,0.940>	<0.216,0.783>	<0.006,0.994>
Ta20	<0.083,0.842>	<0.257,0.610>	<0.010,0.904>	<0.127,0.873>	<0.004,0.996>

5) 计算正负理想解

计算目标的正理想解和负理想解并记录在表 3-7 中。

表 3-7　目标正负理想解

项目	武器杀伤	隐身能力	速度	距离	角度
正理想解	<0.249,0.689>	<0.390,0.526>	<0.387,0.605>	<0.348,0.650>	<0.137,0.811>
负理想解	<0.083,0.842>	<0.138,0.743>	<0.010,0.940>	<0.026,0.974>	<0.004,0.996>

6) 计算目标到正负理想解的距离

计算各个目标到正理想解和负理想解的距离，并记录在表 3-8 中。

表 3-8　目标到正负理想解的距离

目标	到正理想解的距离	到负理想解的距离	目标	到正理想解的距离	到负理想解的距离
Ta1	0.106	0.186	Ta11	0.205	0.089
Ta2	0.207	0.098	Ta12	0.170	0.168
Ta3	0.211	0.090	Ta13	0.143	0.151
Ta4	0.189	0.110	Ta14	0.181	0.097
Ta5	0.115	0.202	Ta15	0.177	0.134
Ta6	0.145	0.143	Ta16	0.223	0.059
Ta7	0.193	0.132	Ta17	0.204	0.092
Ta8	0.223	0.084	Ta18	0.186	0.179
Ta9	0.117	0.178	Ta19	0.204	0.102
Ta10	0.209	0.097	Ta20	0.216	0.074

7) 威胁等级排序

根据表 3-8 的信息和式(3-24)～式(3-26)计算出目标的威胁度数据如表 3-9 所示，描绘目标威胁度散点图如图 3-6 所示，对目标威胁度进行排序并画折线图如图 3-7 所示。

表 3-9　目标威胁度

目标	威胁度	目标	威胁度
Ta1	0.636	Ta11	0.304
Ta2	0.321	Ta12	0.498
Ta3	0.298	Ta13	0.513
Ta4	0.368	Ta14	0.348
Ta5	0.637	Ta15	0.431
Ta6	0.495	Ta16	0.210
Ta7	0.406	Ta17	0.311
Ta8	0.275	Ta18	0.490
Ta9	0.605	Ta19	0.334
Ta10	0.318	Ta20	0.255

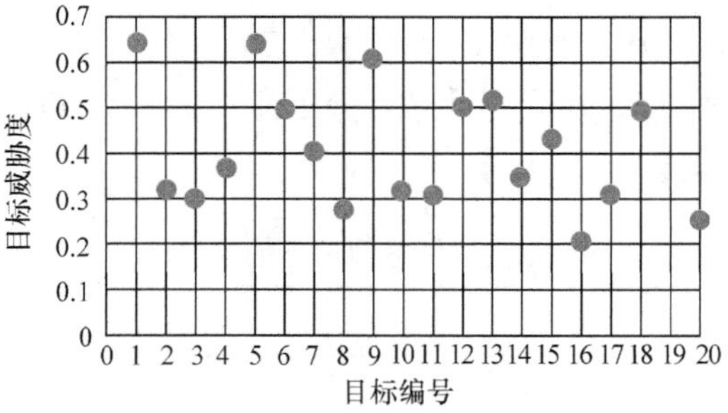

图 3-6　目标威胁度散点图

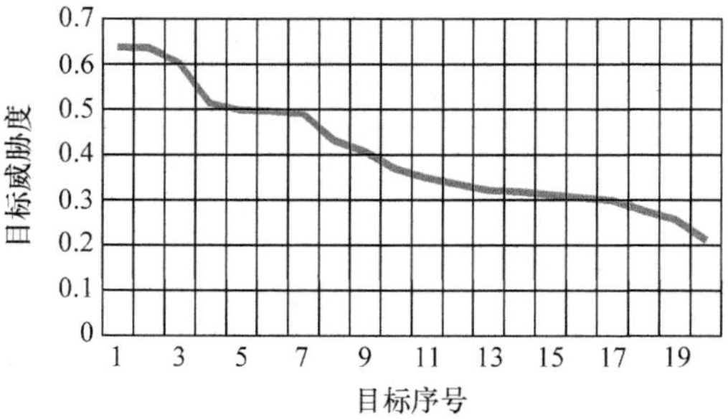

图 3-7　目标威胁评估排序图

由图 3-6 和图 3-7 可知，目标的威胁度分布较为均匀，且大多在 0.2～0.7 之间。下面以表格 3-9 中的数据作为输入，采用固定求阈值、自适应求三支决策阈值和改进型自适应求三支决策阈值这 3 种不同的算法计算三支决策阈值，对目标所属威胁区域进行划分，并且分析这 3 种算法之间的优缺点。

3.5.2　固定求阈值的算法仿真

1. 输入数据

目标威胁度数据为表 3-9 中的数据。

2. 固定求阈值算法下的目标威胁度三支决策结果

(1) 阈值结果。

采用固定求阈值的方法。根据式(2-9)可知，阈值 α 和 β 由损失函数确定，且损失函数满足条件 $\lambda_{PP} \leqslant \lambda_{BP} < \lambda_{NP}$ 和 $\lambda_{NN} \leqslant \lambda_{BN} < \lambda_{PN}$。取 $\lambda_{PP} = \lambda_{NN} = 0$， $\lambda_{PN} = 0.9$， $\lambda_{NP} = 0.7$，$\lambda_{BP} = 0.4$，以及 $\lambda_{BN} = 0.3$，则可由式(2-9)求得：

$$\alpha = 0.6，\quad \beta = 0.5，\quad \gamma = 0.5625$$

(2) 对目标的分类。

表 3-10 为三支决策的阈值计算结果。阈值对 (α, β) 和目标威胁度对目标进行三支决策，威胁度大于 α 的目标划分到有威胁区域(正域)，威胁度小于 β 的目标划分到无威胁区域(负域)，剩下的目标划分到潜在威胁区域(边界域)。对目标进行划分后的结果如表 3-11 所示。

表 3-10　固定求阈值算法下的阈值计算结果

阈值	α	γ	β
阈值大小	0.6	0.5625	0.5

表 3-11　固定求阈值算法下的目标威胁度三支决策结果

目标所在区域	有威胁区域	潜在威胁区域	无威胁区域
目标数量	3	1	16

由表 3-10 和 3-11 的结果可知，固定求阈值算法将少量的目标划分到有威胁区域，将大量的结果划分到无威胁区域，只有 1 个目标被划分到潜在威胁区域。固定求阈值算法对结果的划分效果并不是很好，潜在威胁区域的目标数量过少，不能发挥三支决策的优势。

3.5.3　自适应求三支决策阈值的算法仿真

1. 输入数据

(1) 目标威胁度数据为表 3-9 中的数据。
(2) 阈值初值设置为 $\alpha = 0.7$，$\beta = 0.3$，$\gamma = 0.4$。
(3) 取边界域惩罚因子 $\varepsilon = 1.1$。

2. 自适应求三支决策阈值算法的目标威胁度三支决策结果

采用自适应求三支决策阈值的算法计算决策阈值，并将阈值结果记录在表 3-12 中，根据阈值结果对目标所属威胁区域进行划分，将划分结果记录在表 3-13 中。

表 3-12　自适应求阈值算法下的阈值计算结果

阈值	α	γ	β
阈值大小	0.7	0.63735	0.209502

表 3-13　自适应求阈值算法下的目标威胁度三支决策结果

目标所在区域	有威胁区域	潜在威胁区域	无威胁区域
目标数量	0	19	1

分析表 3-12 和表 3-13 的结果可知，在惩罚因子为 1.1 的情况下，自适应求阈值算法下的阈值结果边界域的范围较大，将大量的结果划分到潜在威胁区域中，有威胁区域的目标数量为 0，无威胁区域的目标数量为 1。可见当前边界域惩罚因子取值较小，划分到潜在威胁区域的代价过小，所以求出的阈值结果中潜在威胁区域的范围较大。

下面通过仿真实验分析边界域惩罚因子的变化对三支决策结果的影响，并且希望能根据实验结果选出合适的边界域惩罚因子,使得区域的划分结果比较合适。

3. 边界域惩罚因子对三支决策结果的影响

边界域惩罚因子满足$\varepsilon > 1$，在满足该条件的情况下，对边界域惩罚因子选取几个离散值并进行仿真，三支决策的结果如表 3-14 和表 3-15 所示。

表 3-14　不同惩罚因子下的阈值计算结果(一)

惩罚值	α	γ	β
1.05～1.1	0.7	0.63735	0.209502
1.15～2	0.637988	0.637669	0.63735

表 3-15　不同惩罚因子下的三支决策结果(一)

惩罚值	有威胁区域	潜在威胁区域	无威胁区域
1.05～1.1	0	19	1
1.15～2	0	0	20

根据表 3-14 和表 3-15 可知，在边界域惩罚因子取 1.05～1.1 之间时，有 19 个目标被划分到潜在威胁区域，仅有一个目标被划分到无威胁区域，没有目标被划分到有威胁区域。在边界域惩罚因子取 1.15～2 之间时，所有的目标均被划分到无威胁区域，阈值α和β值的大小十分接近，这意味着介于α和β之间的潜在威胁区域(边界域)的范围非常小。

上述分析表明以下两点。

(1) 随着边界域惩罚因子的增大(或者减小),对目标区域的划分结果会存在突变。在边界域惩罚因子从 1.1 增加到 1.15 时，潜在威胁区域的目标由 19 变为 0，无威胁区域的目标由 1 变为 20。算法分配结果对惩罚因子的大小如此敏感，很难确定一个合适的惩罚因子来保证结果的可靠，这使得算法的应用十分困难。

(2) 自适应求阈值算法可能会取到极端值。在威胁因子取 1.15～2 时，阈值$\alpha = 0.637988$，$\beta = 0.63735$，二者之间的差值不足 0.001，很显然，此时的目标区域划分结果是非常不可靠的，几乎不会有样本被划分到边界域中。

4. 数据顺序对三支决策结果的影响

本节还分析了对于同样一组数据，数据的排列顺序对自适应求阈值算法的结果产生的影响。由上面分析可知，在惩罚因子取 1.15～2 之间时，算法的结果会陷入极端值，不具可靠性，因此，在下面的仿真中，会避开这个区间，选取的实验惩罚因子值范围为 1.05～1.1。取边界域惩罚因子为 $\varepsilon=1.1$。不同排列顺序下的阈值计算结果和三支决策结果如表 3-16 和表 3-17 所示。

表 3-16　3 种数据排列顺序下的阈值计算结果(一)

数据顺序	α	γ	β
从大到小排序	0.7	0.63735	0.209502
随机	0.7	0.63735	0.209502
从小到大	0.637988	0.637669	0.63735

表 3-17　3 种数据排列顺序下的三支决策结果(一)

数据顺序	有威胁区域	潜在威胁区域	无威胁区域
从大到小排序	0	19	1
随机排序	0	19	1
从小到大排序	0	0	20

由表 3-16 和表 3-17 可知，目标从大到小排序和随机排序时的结果相同，二者与目标从小到大排序时的结果相差很大。仿真结果说明，目标的排列顺序对于计算结果影响很大，证明了算法存在不稳定性。

3.5.4　改进型自适应求三支决策阈值的算法仿真

1. 算法输入

(1) 目标威胁度数据为表 3-9 中的数据。

(2) 阈值初值设置为 $\alpha=0.7$，$\beta=0.3$，$\gamma=0.4$。

(3) 取惩罚因子 ε=1.5。

2. 改进型自适应求三支决策阈值算法的目标威胁度三支决策结果

采用改进型自适应求三支决策阈值的算法计算决策阈值，并将阈值结果记录在表 3-18 中，根据阈值结果对目标所属威胁区域进行划分，将划分结果记录在表 3-19 中。

表 3-18　改进型自适应求阈值算法下的阈值计算结果

阈值	α	γ	β
阈值大小	0.636641	0.636563	0.398581

表 3-19 改进型自适应求阈值算法下的目标威胁度三支决策结果

目标所在区域	有威胁区域	潜在威胁区域	无威胁区域
目标数量	1	8	11

分析表 3-18 和表 3-19 的结果可知，在惩罚因子为 1.5 的情况下，改进型自适应求阈值算法下的阈值结果边界域的范围居中，将 8 个结果划分到潜在威胁区域中，将 11 个结果划分到无威胁区域中，将 1 个结果划分到有威胁区域中，目标的划分比较适中。下面通过实验分析边界域惩罚因子的大小变化对三支决策结果的影响。

3. 边界域惩罚因子对三支决策结果的影响

由表 3-20 和表 3-21 可知，当惩罚因子在 1.5～4 之间变化时，随着边界域惩罚因子的逐渐增大，阈值 α 逐渐减小，阈值 β 变化不明显，阈值 γ 逐渐减小；随着边界域惩罚因子的逐渐增大，边界域的范围逐渐减小，潜在威胁区域的目标数量逐渐减小，逐步向有威胁区域和无威胁区域转化。

表 3-20 不同惩罚因子下的阈值计算结果(二)

惩罚值	α	γ	β
1.5～2.5	0.636641	0.636563	0.398581
3～3.25	0.636563	0.633359	0.398581
3.5～4	0.406161	0.402371	0.398581

表 3-21 不同惩罚因子下的三支决策结果(二)

惩罚值	有威胁区域	潜在威胁区域	无威胁区域
1.5～2.5	1	8	11
3～3.25	2	7	11
3.5～4	9	0	11

所以，为了保证边界域保持在一个合适的范围内，惩罚因子不能过大，也不能过小，边界域惩罚因子的大小可以取在 1.5～3.25 的范围内。

4. 数据顺序对三支决策结果的影响

对于同样一组数据，本节还分析了数据的排列顺序对自适应求阈值算法的结果产生的影响。选取的边界域惩罚因子 $\varepsilon=3$。不同排列顺序下的阈值计算结果和三支决策结果分别如表 3-22 和表 3-23 所示。

表 3-22　3 种数据排列顺序下的阈值计算结果(二)

数据顺序	α	γ	β
从大到小排序	0.636563	0.633359	0.398581
随机排序	0.636563	0.633359	0.398581
从小到大排序	0.636563	0.633359	0.398581

表 3-23　三种数据排列顺序下的三支决策结果(二)

数据顺序	有威胁区域	潜在威胁区域	无威胁区域
从大到小排序	2	7	11
随机排序	2	7	11
从小到大排序	2	7	11

由表 3-22 和表 3-23 可知，目标威胁值的顺序不会影响阈值计算结果和三支决策结果。

3.5.5　仿真结果分析

通过以上 3 个实验的分析，对比得出 3 个方法的优缺点。

固定求阈值算法的优点是计算方法简单，但存在以下问题。

(1) 方法不具有通用性。在计算某一具体问题时，只有计算人员对于该问题的背景知识有比较深入的了解，才能根据先验知识确定损失函数 $\lambda_{PP}, \lambda_{NN}, \lambda_{PN}, \lambda_{NP}, \lambda_{BP}$ 和 λ_{BN} 的值，进而计算阈值对的值，对待处理的结果进行分类。

(2) 方法不具有灵活性。即使是同样背景下的问题，由于数据的不同，也可能会存在不同的分类结果，很显然，固定求阈值的算法并不能根据数据的变化而变动，所以该算法不具有数据驱动性，不能灵活的根据数据的变化而变化。

自适应求阈值算法的优点有以下两点。

(1) 算法求出的结果为可行解，算法将阈值求解问题转化为决策风险损失最优化问题，求解思路是遍历阈值对 (α,β,γ) 的所有取值范围，在该范围内求出可行解。

(2) 阈值结果与数据相关，且耗时较短。算法将阈值对的遍历范围取为决策表中所有对象的概率值，使得搜索空间是有穷的，且阈值求解结果与数据本身是相关的，与固定求阈值的算法相比，提高了算法的适应性。

但算法也存在以下问题。

(1) 算法可能取到极端值。通过最优化公式和阈值与损失函数之间的关系，以及仿真结果可知，非常容易将极端的值作为学习到的结果，使得样本被分到边界域的损失变得很小，大量的样本被分到边界域中。

(2) 算法结果受惩罚因子值影响很大，存在突变情况。为了防止将过多的样本分到边界域中，将边界域的惩罚因子值提高后，大量的样本又被划分到接受域或者拒绝域中。阈值求解结果受惩罚因子的影响很大，很难确定合适的惩罚因子值。

(3) 数据顺序对算法结果有影响。根据仿真结果，对数据按照随机顺序、从大到小排序和从小到大排序的顺序分别进行运算，得出的结果并不一致，证明数据顺序对算法结果有影响，算法的稳定性存在一定问题。

改进型自适应求阈值算法有以下优点。

(1) 算法解为可行解。算法参考自适应求阈值算法的思路，将阈值求解问题转化为决策风险最优化问题，以目标概率值作为阈值对 (α,β,γ) 的取值，遍历阈值对的所有范围，求出使损失和最小的解。

(2) 当惩罚因子在一定范围内取值时，阈值求解结果保持稳定。根据仿真结果，惩罚因子在 1.5～3.25 的范围内变动时，阈值取值结果保持稳定。

(3) 数据顺序对算法结果没有影响，算法比较稳定。算法的原理决定了数据的排列顺序不会影响算法的结果，保证了算法的可靠性。

3.6　本 章 小 结

本章主要介绍了基于模糊三支决策的空战威胁评估模型建立过程。首先简要介绍了三支决策和威胁评估的理论基础和威胁指标体系的建立。然后介绍了采用直觉模糊集理论描述威胁因子、计算各个威胁因子的权重以及计算加权直接模糊数的方法，介绍了基于 TOPSIS 法计算威胁值的步骤。并通过仿真对实验数据的威胁值进行计算和排序。同时，对固定求阈值算法、自适应求阈值算法以及改进型自适应求阈值算法进行了仿真，对比分析 3 种算法的优劣。结果证明了三支决策在解决威胁评估问题上的有效性。

第 4 章　基于多类别三支决策的目标意图识别

4.1　引　　言

目标意图识别是智能空战决策的前提，是不可缺少的一个环节。目标意图识别也是战场态势评估的一个重要部分。空战中，每个作战单元必然会有自己相应的作战意图，为了完成提前选定的作战意图，每一架飞机定会做出一系列与自身意图相适应的飞行计划,因此我方可以不断通过机载传感器获取敌方战机的位置、状态等信息，根据敌方飞机的飞行计划反推出其作战意图。然而，信息技术的不断发展使战场态势演变速度不断加快，意图识别正面临新的挑战。面对海量有缺失的、模糊性的，甚至是带有欺骗性的或是错误的战场信息，指挥员根本分析不出其中隐藏的关键态势，而带有错误或欺骗性的战场信息会使得传统的模板匹配方法难以识别出敌方目标的作战意图。针对这些问题本章将多类别三支决策方法引入到目标意图识别中，以解决意图识别中的不确定性问题。

本章将在传统三支决策理论的基础上构建的多类别三支决策模型应用到目标意图识别当中，并提出了一种基于多类别三支决策模型的目标意图识别算法。通过仿真对比实验，验证了算法的有效性。

4.2　目标意图识别

意图识别是通过分析各种所得信息来说明对方在某个行动上所要实行的计划和设想，而军事上的意图识别是指我方战场武器通过探测敌方目标信息并进行融合处理，从而判断或预测敌方的作战设想、作战计划。一般意义上的目标意图识别过程如图 4-1 所示。

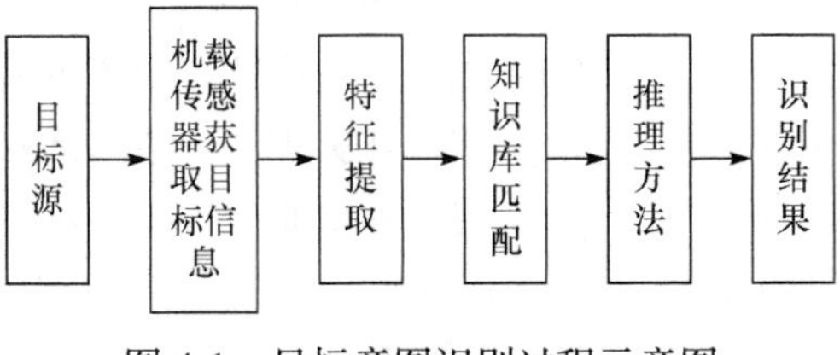

图 4-1　目标意图识别过程示意图

在作战中一般会讲“知己知彼，百战不殆”，可见对敌方作战情报的重视程度，而战场情报的重要作用之一就是为意图识别提供数据准备。在分秒必争的战场，假若得不到敌方的作战意图，则必然会陷入被动挨打的局面，这在以往的各种战争中已经得到了验证。

空中战场有很多种作战情况，每种情况都似乎能找到合理的理论解释，且各种情况之间会相互交织，因此，空战中敌我双方都会想尽办法通过各种手段来掩饰、隐瞒己方的行动，或者制造一些假象欺骗对方，以达到隐真示假的目的[51]。造成这些情况的原因有以下几点。

(1) 空战战术规则多种多样。

空战规则灵活多样，比如敌方战机可以从侧面攻击，也可以从下面突然偷袭，尤其是多机对多机空战时，这种规则的变化就更为明显[52,53]。

(2) 专家经验有限。

战术知识复杂多样且与天时、地利、人和都有关系，并随着时代的变化而变化，而专家知识的局限性会影响到意图识别的准确程度[54]。

(3) 意图识别问题随时间动态改变。

空战中敌我双方的状态都在迅速改变，作战行动中目标意图就有可能改变，这说明了动态性会是意图识别问题的一个特征。

敌方意图虽然难于推断，但其意图总会在行动上与某些事件相关联，或者说一定的意图会有一定的行动，通过目标行动就可以反推出其作战意图，这也是意图识别的基础。

意图识别按作战环境可以分为空中、陆地和海面战场目标意图识别。由于空战战场环境复杂多变，情况较多，因此空中作战意图识别是意图识别中的研究重点。意图识别按照战场作战规模可分为战略意图识别、战役意图识别和战术意图识别，其中战术必须依附于战略或者战役，是完成战略和战役目的的具体行动。现代战争中，信息传播异常迅速且便捷，交战双方在战争开始时，就可以通过各种媒体及互联网知晓敌方进行战争的宏观目的，也就是说交战双方极有可能在战争开始前就已经知道了敌方的战略意图，因此，当前及未来战争中进行战略意图识别意义不大。战役意图与战略意图相比属于较为底层的识别，而且战役意图识别非常依赖于识别者的主观意图，无具体可判断的依据。此外，由于战役是比较大的作战形式，所以战役意图不仅仅取决于战场情况，还受战场之外的因素影响，所以识别战役意图难度较大。战术意图是指对某一作战区域内的某一目标进行作战意图识别，通过识别知晓其在接下来一定时间段的作战计划和作战行动。

综合分析可知，战术意图识别相比战略、战役意图识别更加具体、更加直接，从可行性以及作战目的上也相比前两种识别更有意义，因此，本章就目标战术意图进行识别，但这并不意味着战术意图识别就很容易进行，其仍有一些关键问题需要去解决。

现有的意图识别研究方法主要着眼于解决战术层次的意图识别问题，在战场关键特征的提取、专家知识的应用以及意图空间的构建上具有借鉴意义，本章空中目标意图识别需解决的问题，主要表现在以下几个方面。

(1) 意图空间。

总的来说，意图空间包括空中目标意图预测的所有结果。但是在不同的想定或者场景下，意图空间是不同的。本章以有人机的多对多空战为背景，意图空间主要包括攻击、侦察、电子干扰、突防、规避五种意图。这些意图经过各种实战已经存在于作战人员的大脑里，是空中作战的经验总结。

(2) 先验知识的应用。

当前关于意图识别的主要研究都基于先验知识对当前战场态势的匹配、推理、判断，进而得出识别结果。现有的方法过于依赖先验知识，而知识获取和知识表示都非常困难。先验知识决定了意图识别的可信度，从现有的研究来看，先验知识的来源一般有两个：一是通过领域专家给出相关知识建立知识库，这种先验知识受人主观影响较大，知识库后期的维护和更新存在较大困难；二是总结战场目标行为，通过这些行为建立规则库，这种方式解决不了意图的欺骗性，并不能适应多变的战场。意图识别是一个复杂的认知过程，同人类认识规律一样，系统在进行意图识别过程中应以自主式学习为主，先验知识应起分类、校验、规范等辅助作用，同时可以将自主学习获取的知识与先验知识进行融合，实现知识库的自主更新。

(3) 意图识别的时序性。

意图识别是一个系统性问题，刚开始输入到识别系统的信息通常是模糊的、不完整的、甚至是带有欺骗性的。若不考虑时间的先后顺序以及信息获取的递增性，就不能有效说明和利用战场态势信息中的时序特征和前后逻辑关系，因此对敌意图识别必须考虑其时间顺序。同时，识别应该是在一定时间区间内进行，既不能使识别时间过长，影响决策效率，也不能在没有充分获得目标信息的条件下过早的得出敌方意图。此外，对于已经识别出意图的目标，也要在限定时间间隔内重新去识别该目标，防止由于目标意图在中途发生变化而产生对目标错误识别的事件发生。总而言之，意图识别既要考虑时效问题，也要综合分析使用短期和长期战场态势的特征。

4.3　基于多类别三支决策模型的目标意图识别

本节将基于序贯三支决策模型构建多阶段意图识别结构，根据多类别三支决策模型，依次做出每个意图的三支决策，从而对每个阶段的目标意图识别进行多类别分类。对于因信息不足而被分类到边界域或者负域的对象，会通过更新下一阶段意图识别中的条件属性集信息，对信息不足的对象重新进行决策。

在意图识别中，意图知识规则库和目标信息是进行意图识别的前提。在知识库构建中，目标的特征参数，如目标的高度、速度、机动类型、目标雷达状态，以及运动轨迹变化等信息往往与目标战术意图存在一定的关系，而这种关系就是目标意图识别的理论基础。但是这种关系时常伴有一些不确定性，所以目标意图的判断是具有模糊性的，不同识别主体对目标意图的判定会有不同的结果。在目标信息的获取中，大多数情况下我方并不能在同一时间获取到与目标相关的一些状态信息。比如，在探测到目标之后，目标的高度和速度会比较容易计算得出，而目标的机动类型则需要我机不断地对目标进行跟踪探测才能得出，因此这些信息的获取有着时间上的先后顺序，也就是说我方获取到的目标信息量的多少应与时间相关，目标信息获取存在时序性。

在空战中，首先探测目标的相关信息，然后对目标信息做预处理。设某一时刻探测到的目标预处理之后的特征信息向量为 $Y=\left(y_1,y_2,\cdots,y_n\right)^{\mathrm{T}}$，这些特征信息包括目标的高度、速度、航向角、进入角和敌我距离等。由目标特征信息向量所组成的目标特征空间，再结合专家知识和先验知识便可作为判断目标可能性意图的规则。如图 4-2 所示，y_i 表示目标特征向量中某一特征信息，可根据先验知识库对目标这一特征下可能存在的意图进行等价划分(这里的等价划分思想与三支决策中依据条件属性和决策属性对论域进行等价划分的思想一致)。图 4-2 表示的便是利用先验知识库对目标意图进行的划分。

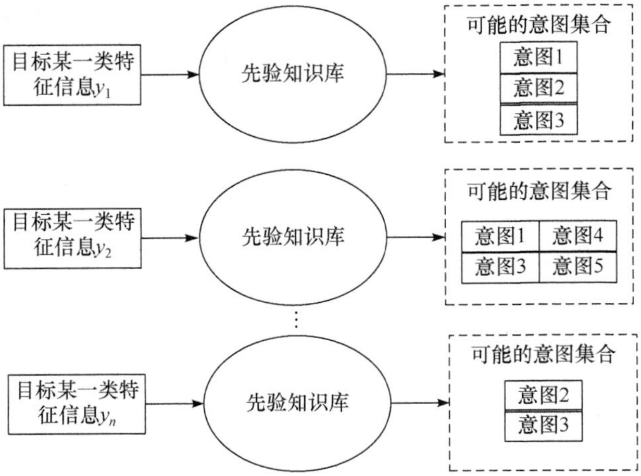

图 4-2　目标特征信息与先验知识库关系示意图

例如，y_1表示某目标的当前速度，其速度值大概在$y_1 \in (280,300)$(单位：m/s)之间，根据意图识别的先验知识库，其等价意图集可能包括攻击、突防、侦察或者是电子干扰这 4 类意图。y_2表示目标的高度，其高度值在$y_2 \in (5000,6000)$(单位：m)之间，则其等价意图集可能包括攻击、电子干扰和规避这 3 类意图。y_3表示敌我距离，其距离值在$y_3 \in (35,40)$(单位：km)之间，则其等价意图集可能包括攻击、电子干扰和突防这 3 类意图。以此类推，可以依次判别目标进入角、航向角和加速度等特征信息所对应的等价意图集。等待各个目标特征信息的等价意图集划分完毕之后，便可使用多类别三支决策方法对目标意图进行最终结果的判定。

4.3.1　基于多类别序贯三支决策的目标意图识别模型

下面给出三支决策意图识别模型的相关说明。

定义 4-1　给定决策信息表$\mathrm{IS}=(U,A,V,f)$，令$U=\{x\}$，表示战场中敌方目标，作为论域。$A=C\cup D$是信息系统上的属性集合，C为条件属性集，表示战场中获得的目标信息；D为决策属性集，表示目标意图的集合。由于目标特征信息的获取存在时序性，所以在目标意图识别中，条件信息属性应按照时间段表示，即设条件属性$C=\{C_1,C_2,\cdots,C_k\}$，应满足$C_1\subset C_2\subset\cdots\subset C_k$，表示在$k$个不同阶段得到的目标信息。$D=\{D^1,D^2,\cdots,D^n\}$，表示目标意图空间，即每一个目标都存在$n$个可能意图。因此，一个完整的序贯三支决策定义如下所示。

定义 4-2　$\mathrm{IS}=(\mathrm{IS}_1,\mathrm{IS}_2,\cdots,\mathrm{IS}_k)$，$\mathrm{IS}_i=(U_i,C_i,D_i)$表示第$i$个阶段的决策信息表，$U_i$表示第$i$个阶段的论域，$C_i$为条件属性集，用以表示第$i$个阶段获得的目标特征信息，$D_i=\{D_i^1,D_i^2,\cdots,D_i^n\}$为决策属性集，用以表示第$i$个阶段目标的备选意图集合。决策类$D_i^j$可形成一个二分类$\{D_i^j,(D_i^j)^C\}$，$(D_i^j)^C=\bigcup_{k\neq j}D_i^k$，则$D_i^j$的正域、负域和边界域的判别公式如式(4-1)所示。

$$
\begin{aligned}
&\mathrm{POS}_{(\alpha_i^j,\beta_i^j)}(D_i^j)=\left\{x\in U_i\middle|\Pr(D_i^j|x)\geqslant\alpha_i^j\right\}\\
&\mathrm{BND}_{(\alpha_i^j,\beta_i^j)}(D_i^j)=\left\{x\in U_i\middle|\beta_i^j<\Pr(D_i^j|x)<\alpha_i^j\right\}\\
&\mathrm{NEG}_{(\alpha_i^j,\beta_i^j)}(D_i^j)=\left\{x\in U_i\middle|\Pr(D_i^j|x)\leqslant\beta_i^j\right\}
\end{aligned}
\tag{4-1}
$$

其中，$\Pr(D_i^j|x)$表示目标x的作战意图为D_i^j的先验概率；(α_i^j,β_i^j)作为第i个阶段决策类D_i^j的三支决策阈值，由以下公式给出：

$$\alpha_i^j = \frac{\lambda_{PN}(D_i^j) - \lambda_{BN}(D_i^j)}{\left(\lambda_{PN}(D_i^j) - \lambda_{BN}(D_i^j)\right) + \left(\lambda_{BP}(D_i^j) - \lambda_{PP}(D_i^j)\right)}$$
$$\beta_i^j = \frac{\lambda_{BN}(D_i^j) - \lambda_{NN}(D_i^j)}{\left(\lambda_{BN}(D_i^j) - \lambda_{NN}(D_i^j)\right) + \left(\lambda_{NP}(D_i^j) - \lambda_{BP}(D_i^j)\right)} \tag{4-2}$$

其中，$\lambda_{PP}(D_i^j)$, $\lambda_{NP}(D_i^j)$, $\lambda_{BP}(D_i^j)$ 表示 $x \in D_i^j$ 时，将目标意图预测结果分别放入 D_i^j 的正域、负域和边界域时的损失函数值；$\lambda_{PN}(D_i^j)$, $\lambda_{NN}(D_i^j)$, $\lambda_{BN}(D_i^j)$ 表示 $x \in (D_i^j)^C$ 时，将目标意图预测结果分别放入 D_i^j 的正域、负域和边界域时的损失函数值。因此，本模型中三支决策阈值的求解是在决策粗糙集多类别模型基础上做了改变，目的是减少损失函数值的设置，方便决策阈值的计算。表 4-1 为意图决策损失函数矩阵，以意图决策 D_i^j 为例。在本章中，一个决策类的每个阶段的三支决策阈值是相同的，即有 $\left(\alpha_i^j, \beta_i^j\right) = \left(\alpha^j, \beta^j\right)$，同时也有 $D_i^j = D_{i+1}^j$。

表 4-1　意图决策损失函数矩阵

决策	实际意图	损失函数值
POS	$x \in D^j$	$\lambda_{PP}(D^j)$
	$x \in (D^j)^C$	$\lambda_{PN}(D^j)$
BND	$x \in D^j$	$\lambda_{BP}(D^j)$
	$x \in (D^j)^C$	$\lambda_{BN}(D^j)$
NEG	$x \in D^j$	$\lambda_{NP}(D^j)$
	$x \in (D^j)^C$	$\lambda_{NN}(D^j)$

识别情形 1：给定第 i 阶段决策结构 $\mathrm{IS}_i = (U_i, C_i, D_i)$， $D_i = \left\{D_i^1, D_i^2, \cdots, D_i^n\right\}$ 为 IS_i 上的决策类集合。假设在该阶段有且仅有决策类 D_i^j 满足条件 $\Pr\left(D_i^j \middle| x\right) \geqslant \alpha^j$，目标意图结果为 ST_i，则目标 x 的最终所属类为 $\mathrm{ST}_i = D_i^j$，即目标 x 的作战意图为意图 D^j，此时该目标的作战意图识别完毕。

识别情形 2：给定第 i 阶段决策结构 $\mathrm{IS}_i = (U_i, C_i, D_i)$， $D_i = \left\{D_i^1, D_i^2, \cdots, D_i^n\right\}$ 为 IS_i 上的决策类集合。假设在该阶段有决策类 D_i^{j1} 和 D_i^{j2} 满足条件 $\Pr\left(D_i^{j1} \middle| x\right) \geqslant \alpha^{j1}$ 和 $\Pr\left(D_i^{j2} \middle| x\right) \geqslant \alpha^{j2}$，则该阶段目标意图结果为 $\mathrm{ST}_i = \left\{D_i^{j1}, D_i^{j2}\right\}$。这表明当前阶段的目标条件信息不足以确定出目标的具体意图，需要在以后的阶段中收集更多的目标信息来明确目标作战意图。设第 $i+1$ 阶段决策结构 $\mathrm{IS}_{i+1} = (U_{i+1}, C_{i+1}, D_{i+1})$，

则有：

$$
\begin{aligned}
U_{i+1} &= U_i = \{x\} \\
C_{i+1} &= C_i + C_{\text{new}\_i\_i+1} \\
D_{i+1} &= \left\{D_i^{j1}, D_i^{j2}\right\}
\end{aligned}
\tag{4-3}
$$

其中，$C_{\text{new}\_i\_i+1}$ 表示第 i 阶段到第 $i+1$ 阶段新获取到的目标的条件信息。对于单目标意图识别，每一阶段决策结构的论域是一样的；对于多目标意图识别，则可将每一个目标单独按照单目标识别来进行。

识别情形 3：给定第 i 阶段决策结构 $\text{IS}_i = (U_i, C_i, D_i)$，$D_i = \left\{D_i^1, D_i^2, \cdots, D_i^n\right\}$ 为 IS_i 上的决策类集合。假设在该阶段无决策类满足条件 $\Pr(D|x) \geqslant \alpha$，而有决策类 D_i^{j1} 和 D_i^{j2} 满足条件 $\Pr(D_i^{j1}|x) \leqslant \beta^{j1}$ 和 $\Pr(D_i^{j2}|x) \leqslant \beta^{j2}$，其他决策类满足条件 $\beta < \Pr\left(D|x\right) < \alpha$，则意图结果为 $\text{ST}_i = \varnothing$，这表明当前阶段意图识别失败，那么对于第 $i+1$ 阶段决策结构 $\text{IS}_{i+1} = (U_{i+1}, C_{i+1}, D_{i+1})$，有：

$$
\begin{aligned}
U_{i+1} &= U_i = \{x\} \\
C_{i+1} &= C_i + C_{\text{new}\_i\_i+1} \\
D_{i+1} &= D_i - \left\{D_i^{j1}, D_i^{j2}\right\}
\end{aligned}
\tag{4-4}
$$

具体算法流程如下所示。

输入：决策信息系统 $\text{IS}_i = (U, C_i \cup D_i, V_i, f_i)$，$i = 1, 2, \cdots, n$；

输出：目标作战意图 ST；

初始化 $U_i = U$，$\text{ST} = \varnothing$，获取目标特征信息 C_1；

for $i = 1$ to m

　　根据先验知识库，对目标决策类进行等价划分，计算 $\Pr(D_i^j|x)$；

　　计算 $\text{POS}_{(\alpha,\beta)}(D)$，$\text{BND}_{(\alpha,\beta)}(D)$，$\text{NEG}_{(\alpha,\beta)}(D)$

　　if $\text{POS}_{(\alpha,\beta)}(D) = \varnothing$

　　　　$D_{i+1} = D_i - \bigcup D^j$　　// $\bigcup D^j \in \text{NEG}_{(\alpha,\beta)}(D)$

　　else

　　　　$D_{i+1} = \bigcup D^j$　　// $\bigcup D^j \in \text{POS}_{(\alpha,\beta)}(D)$

　　　　$\text{ST} = \bigcup D^j$

　　end if

end for

return ST

在现实空战中，战场态势环境变化快速，目标作战意图可能会随着战场态势的变化而做出相应的调整，倘若我方的战术策略仍按照最先识别出的目标意图进行决策的话，很可能会使我方飞机陷入困境，从而面临威胁。因此，在多类别序贯三支决策目标意图识别模型的基础上，对意图识别过程进行稍加改进。图 4-3 为未改进时的意图识别流程图。

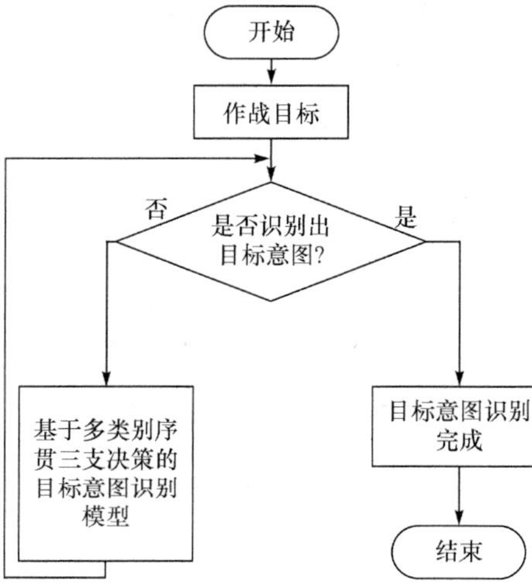

图 4-3　未改进时的意图识别流程图

图 4-4 为改进后的意图识别具体流程图，其就是对已经明确识别出作战意图

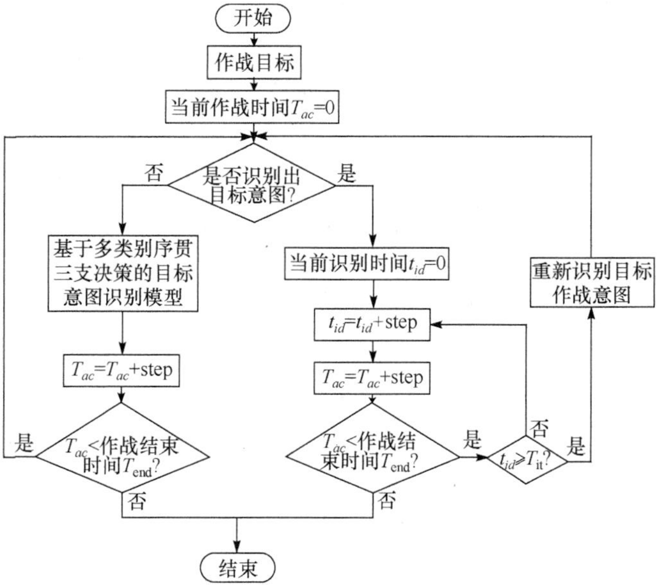

图 4-4　改进后的意图识别流程图

的目标，在原来信息的基础上，每隔一定的时间 T_{it} ，对目标意图重新进行识别；对未明确识别出作战意图的目标,则仍依照原有的方法继续对目标进行意图识别。

4.3.2　基于代价敏感多类别三支决策的目标意图识别模型

在 4.3.1 小节基于多类别序贯三支决策的目标意图识别模型中(简称模型一)，意图识别结果最终可能存在识别结果冲突或者根本识别不出意图，这是因为模型一的多类别三支决策方法为目标的每一个可能意图都分别设置了对应的接受域、延迟域和拒绝域，而这样做的结果就是目标在每一个决策类 D^j 下都会选择一个决策代价最小的结果。所以就会出现决策类意图 D^{j1} 满足 $\Pr\left(D_i^{j1}|x\right) \geqslant \alpha^{j1}$ 和决策类意图 D^{j2} 满足 $\Pr\left(D_i^{j2}|x\right) \geqslant \alpha^{j2}$ 的情况，这就是决策冲突。而若出现任意一个决策类 D^j 都不满足 $\Pr\left(D_i^{j}|x\right) \geqslant \alpha^{j}$ ，则称为识别不出意图或者是意图识别失败。此外，模型一中需要为每一种意图设置 3 种不同的误分类代价，以对应不同的行动代价损失值。而代价损失值设置的合理程度会直接影响到三支决策意图识别结果的准确性，所以代价损失值设置的越多，识别结果的不确定性就会增加得越多。因此，为了减少代价损失值参数的设置数量、消除目标意图识别结果冲突或者根本识别不出意图的情况，本小节提出另外一种基于代价敏感多类别三支决策的目标意图识别模型(简称模型二)对目标意图进行识别。

如表 4-2 所示为多类别三支决策的代价矩阵。该模型的基础仍然是代价敏感性，即不同分类有着不同的决策代价，分类的最终结果是选择误分类代价最小的那一种情况。

表 4-2　多类别三支决策的代价矩阵

真实意图	预测意图			
	意图 1	意图 2	…	意图 n
意图 1	0	λ_{12}	…	λ_{1n}
意图 2	λ_{21}	0	…	λ_{2n}
…	…	…	…	…
意图 n	λ_{n1}	λ_{n2}	…	0

与传统三支决策的误分类代价损失值的设置相同，正确分类的误分类代价应该为 0，即 $\lambda_{ii}=0$ 。设 p_i 为目标作战意图为意图 i 的先验概率，其值由目标的特征信息和意图识别知识库得出，则计算将样本分类到 n 个不同意图类别中的风险损失，有：

$$
\begin{aligned}
\operatorname{Loss}(D^1|x) &= p_1\times 0+p_2\times\lambda_{21}+\cdots+p_n\times\lambda_{n1}=\Pr(x)*\Lambda_1\\
\operatorname{Loss}(D^2|x) &= p_1\times\lambda_{12}+p_2\times 0+\cdots+p_n\times\lambda_{n2}=\Pr(x)*\Lambda_2\\
&\vdots\\
\operatorname{Loss}(D^n|x) &= p_1\times\lambda_{1n}+p_2\times\lambda_{2n}+\cdots+p_n\times 0=\Pr(x)*\Lambda_n
\end{aligned}
\tag{4-5}
$$

其中，Λ_i 为三支决策代价矩阵的第 i 列。

模型二与模型一相比，无论目标的特征信息是否完整充分，都能在每一个识别阶段计算出误分类代价损失值最小的那一种意图分类，从而得到唯一的识别结果，避免了意图识别结果冲突。模型二虽然减少了代价损失值参数的设置，避免了冲突结果的产生，但是该模型却缺失了三支决策中极为重要的延迟域，即延迟决策。因此，为了弥补模型二中多类别三支决策延迟域缺失的这一情况，引入误分类代价第二最小损失的分类结果作为延迟域的备选选项。设 FDC 为具有最小风险决策代价的意图类别，SDC 为具有第二最小风险决策代价的意图类别，则有：

$$
\begin{aligned}
\text{FDC} &= \min\left(\operatorname{Loss}(D^j|x)\right),\ j=1,2,\cdots,n\\
\text{SDC} &= \min\left(\operatorname{Loss}(D^j|x)\right),\ j=1,2,\cdots,n;\ j\neq \text{FDC}
\end{aligned}
\tag{4-6}
$$

在原来的意图识别中，FDC 是意图识别的最终结果，但加入了 SDC 之后，如果 FDC 的值不明显低于 SDC，则 FDC 就不能作为一个可靠的选择，此时应该将 $\{\text{FDC},\text{SDC}\}$ 作为当前决策的边界域。

FDC 是否作为可靠的决策结果，取决于 FDC 和 SDC 的比率。设给定信任阈值 η，如果有：

$$
\frac{\text{SDC}-\text{FDC}}{\text{FDC}}>\eta \tag{4-7}
$$

成立，则说明 FDC 和 SDC 的比率大于给定的信任阈值，FDC 可作为决策结果；否则，暂时将 $\{\text{FDC},\text{SDC}\}$ 作为当前决策的边界域，以进一步进行延迟决策。

4.4 仿真验证与分析

假设目标意图空间中包含的目标意图为攻击、侦察、突防、电子干扰和规避，这 5 种意图涵盖了多机空战中目标可能意图的大部分情况，目标意图识别的目的就是从这 5 种意图中选出与目标特征信息最为相关的一种意图，从而验证意图识别方法的可行性。

4.4.1 仿真实验一

作战想定：设定敌机的空间初始位置为(50,50,7)，单位为 km；初始速度为

270m/s；初始方位角为 –90°，朝 Y 轴负方向飞行，俯仰角为 0°；目标当前正在执行侦察搜索任务。我方作战飞机的空间初始位置为(10,10,6)，单位为 km；初始速度为 240m/s；初始方位角为 50°，俯仰角为 0°。

图 4-5 是双方飞机的空战三维轨迹图，实线表示我机，虚线表示敌机。在发现目标之后，我机便开始跟踪目标，不断获取目标的信息。

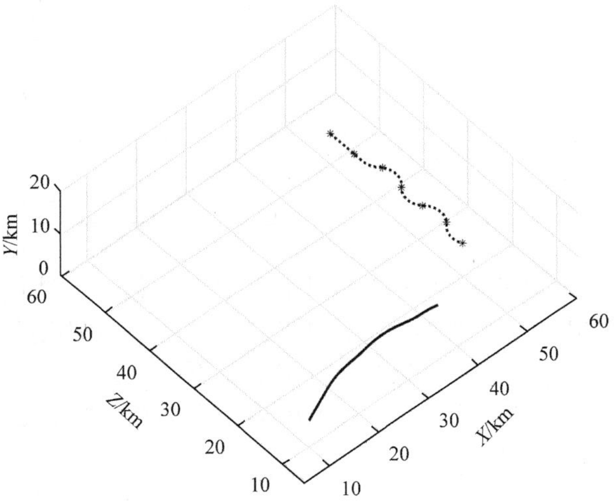

图 4-5　空战轨迹图(实验一)

图 4-6 是空战轨迹图的俯视图，从图中可以看出，目标机做水平 S 型机动，符合作战飞机在执行目标搜索时所做的机动类型。

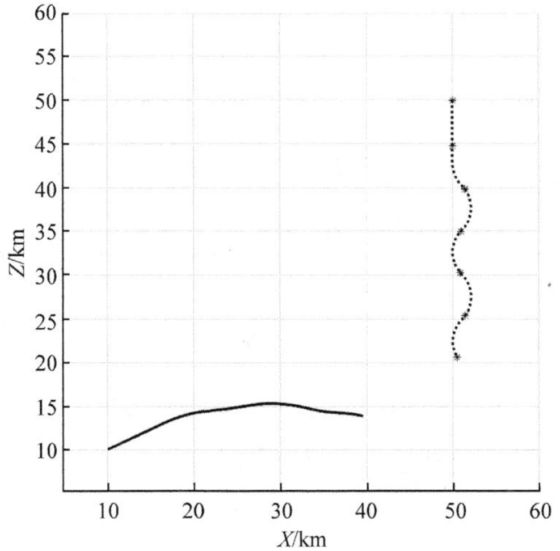

图 4-6　空战轨迹图的俯视图

1) 基于意图识别模型一的识别结果

下面直接给出各意图的三支决策阈值，如表 4-3 所示。

表 4-3　三支决策阈值表

作战意图	决策阈值 (α,β)
攻击(D^1)	(0.4, 0.7)
侦察(D^2)	(0.35, 0.6)
突防(D^3)	(0.4, 0.7)
电子干扰(D^4)	(0.35, 0.6)
规避(D^5)	(0.3, 0.6)

如图 4-7 为三支决策模型一下的意图识别结果。若同一时间段上方的曲线有多条(不包括处于横轴上的曲线)，则说明在该时间段识别出的目标意图不止一个，即存在意图冲突。识别前期由于目标信息不充足，意图识别结果存在多种可能，而到了识别后期，目标信息逐渐增多，目标意图则确定为侦察，符合实际情况。

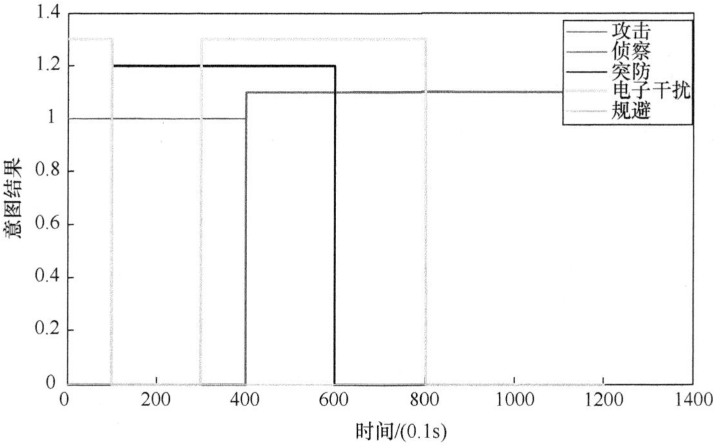

图 4-7　模型一的意图识别结果示意图(实验一)(见彩图)

注意，图 4-7 中每种意图对应的意图曲线纵坐标值的大小(不包括处于横轴上的曲线)对意图结果不影响，只是为了防止发生曲线相互重合的状况而将曲线值设在了不同高度。

2) 基于意图识别模型二的识别结果

表 4-4 是模型二中多类别三支决策的代价矩阵。

表 4-4　多类别代价矩阵(模型二)

真实意图	预测意图				
	攻击	侦察	突防	电子干扰	规避
攻击	0	0.75	0.25	0.65	1
侦察	0.6	0	0.4	0.2	0.75
突防	0.15	0.7	0	0.6	0.85
电子干扰	0.6	0.3	0.5	0	0.75
规避	0.8	0.55	0.75	0.65	0

模型二的目标作战意图识别结果损失如图 4-8 所示。

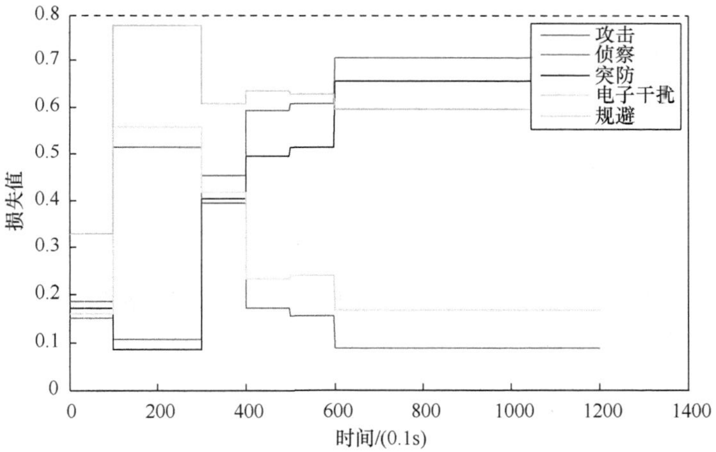

图 4-8　模型二的意图识别结果损失示意图(实验一)(见彩图)

在图 4-8 中，纵轴表示意图识别的损失值，损失值越小，意图可能性就越大。由图可知，在意图识别前期，由于我方获取的目标信息有限，各个意图识别结果的损失值都很相近，而到识别的中后期，目标信息不断明确，意图识别结果也开始逐渐清晰。在图中，侦察意图的代价损失值一直保持在较低的水平，并且其值与电子干扰的损失值一直保持相对同步，这是因为飞机在执行侦察任务与电子干扰任务时的机动类型和速度都极为相似，所以出现这样的情况也比较合理。

4.4.2　仿真实验二

作战想定：设定敌机的空间初始位置为(60,60,7)，单位为 km；初始速度为 270m/s；初始方位角为 –90°，朝 Y 轴负方向飞行，俯仰角为 0°。我方作战飞机的空间初始位置为(10,10,6)，单位为 km；初始速度为 240m/s；初始方位角为 50°，俯仰角为 0°。

图 4-9 是双方飞机的空战三维轨迹图，实线表示我机，虚线表示敌机。在发现目标之后，我机便开始跟踪目标，不断获取目标的信息。目标在发现我机之后，便开始以突防的形式向我方逼近。

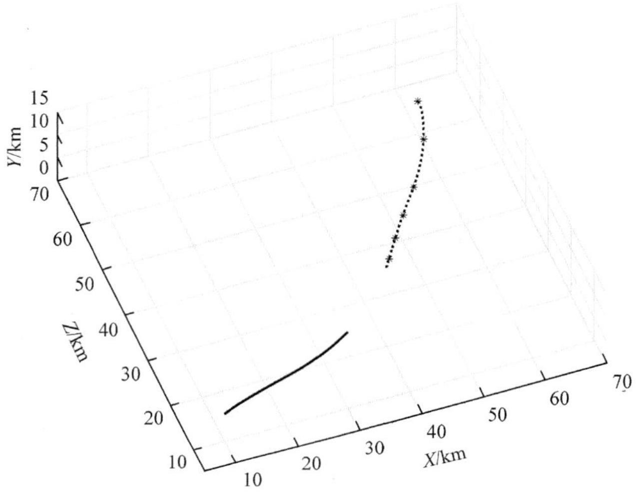

图 4-9　空战轨迹图(实验二)

图 4-10 是空战轨迹图的侧视图，从图中可以看出，目标机在发现我机之后，以低空突防的形式向我方靠近。

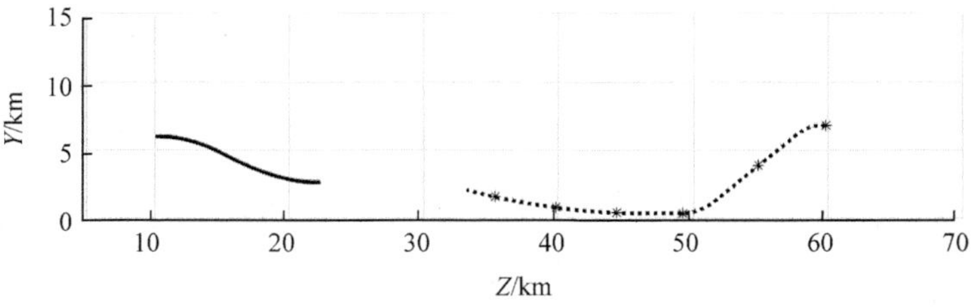

图 4-10　空战轨迹图的侧视图

1) 基于意图识别模型一的识别结果

实验二中各意图的三支决策阈值与实验一相同，参照表 4-3。

图 4-11 为三支决策模型一下的意图识别结果。在识别中期，由于目标下降到较低的飞行高度，符合目标进行低空侦察的可能，所以该时间段内侦察意图与攻击和突防意图一样进入了意图结果的备选选项。到了后期，随着敌我距离的不断接近，突防意图也就转变成了攻击意图。识别结果符合实战情况。

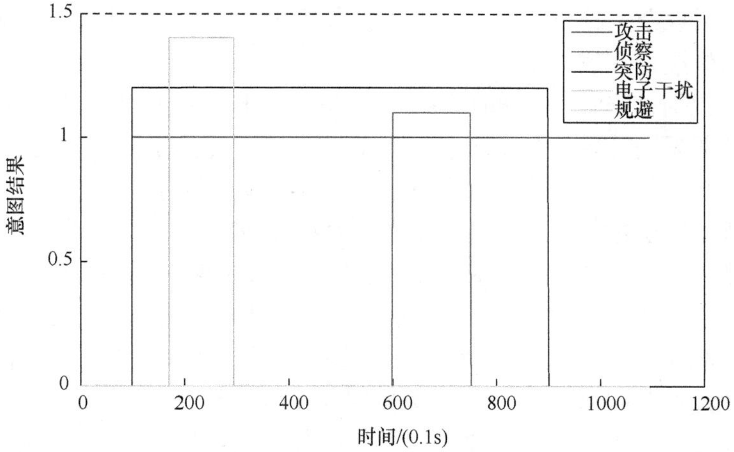

图 4-11　模型一的意图识别结果示意图(实验二)(见彩图)

2) 基于意图识别模型二的识别结果

实验二中的多类别三支决策代价矩阵与实验一相同，参照表 4-4。

模型二的目标作战意图识别结果如图 4-12 所示。由图 4-12 可知，突防意图和攻击意图的结果损失值一直保持在相对较低的水平，且损失曲线值较为同步，这是因为突防也是攻击的一种形式，是攻击的远距离表现形式。由图中可知，在敌我距离不断减小时，攻击的损失值开始逐渐接近突防，这说明目标在完成突防之后就会马上对我方进行攻击，仿真结果符合实际情况。

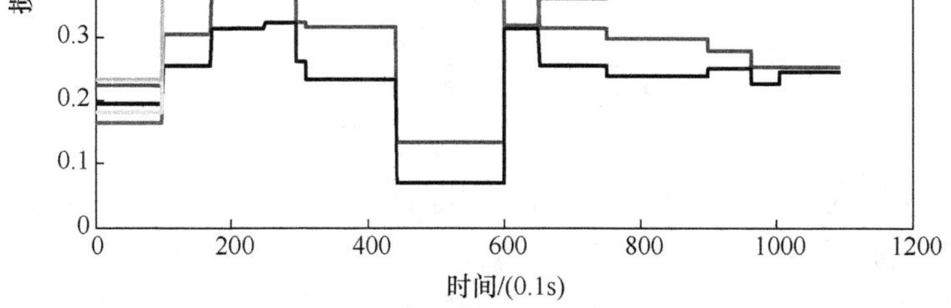

图 4-12　模型二的意图识别结果损失示意图(实验二)(见彩图)

4.4.3　仿真分析

通过以上两组仿真实验，分别验证了两种三支决策意图识别模型的可行性。

根据实验结果以及空战想定设计，表明了本章设计的三支决策意图识别模型可以有效地对目标进行作战意图识别。

在意图识别过程中，以仿真实验二中的图 4-11 和图 4-12 为例，图 4-11 表示模型一的意图识别结果，图 4-12 表示模型二的意图识别结果。实验二中目标先以低空飞行的方式向我方接近，随着敌我距离不断接近，目标开始迎头向上准备与我机交战，所以目标的作战意图应为先突防后攻击，通过仿真结果对比有以下结论。

(1) 图 4-11 中意图结果显示，在识别的前期和中期，意图结果主要为攻击或突防，中间大约在 18～28s 内短暂出现意图识别结果为规避、攻击和突防并存的识别情形，大约在 60～75s 内短暂出现意图识别结果为侦察、攻击和突防并存的识别情形，但到大约 90s 以后，识别结果则仅为攻击意图，所以模型一最终的意图识别结果为攻击。图 4-12 中意图结果显示，在大约 10s 以后，意图识别结果损失值最小的意图始终为突防，则按照模型二的意图识别流程，最终的意图识别结果为突防。因此，模型一最终的识别结果要好于模型二，这是因为模型一使用了序贯思想，充分利用三支决策中的延迟决策，确定了意图识别过程中每一阶段之间的联系，将前一阶段的识别结果应用在了下一阶段，有效解决了意图识别中的时序性问题。

(2) 模型二虽然在识别准确度上要略差于模型一，但是模型二在每一时间段都能得到决策损失值最小的识别结果，不存在意图冲突。如图 4-11 中，在意图识别的前期和中期，始终存在突防和攻击意图并存的意图冲突结果，而图 4-12 中却不存在某一时间段内意图结果损失值相同的情况。此外，模型二所需的决策矩阵损失值个数也要少于模型一。

综合分析，在空战当中，如果敌我双方距离较远，我方不急于在作战前期明确识别目标意图，且我方作战人员有较为丰富的经验知识，能合理地设置出决策损失值矩阵，则在该种情形下，选择模型一进行目标意图识别较为合理。若空战中，我方在大部分时间内需要根据敌方目标作战意图做实时性的决策，则此时选择模型二进行目标意图识别较为合理。

4.5　本 章 小 结

本章主要研究了空战目标意图识别问题，构建了两种三支决策意图识别模型。模型一将多类别三支决策与序贯思想结合，把目标意图识别分为多个阶段，将上一阶段三支决策边界域的意图集作为下一阶段决策论域，从而对每个阶段进行意图识别与分析。模型二以代价敏感为切入点，提出了一种新的三支决策模型，该模型计算所有意图决策类的风险代价值，并根据风险损失最小原则，一次性得出最佳的意图决策。

第 5 章　基于三支决策的飞机机动决策

5.1　引　　言

空战机动决策是空战决策中最为重要的内容之一，是指飞行员在操纵我机机动的同时监控敌方战斗机的飞行状态以及战场态势，并根据任务要求和我机感知的外部战场环境信息进行分析和判断，采取对已方有利的机动策略。然而大部分时间里，飞行员并不能很好地利用这些信息和经验去获得瞬时空战态势，做出合理的机动决策。飞行员需要借助机载的空战决策系统来进行有效的战场信息分析，进行态势信息的管理并得出合适的机动决策方案。无论是近距作战还是超视距作战，合理的机动决策都是至关重要的，尤其是在近距作战模式下，机动动作非常剧烈和频繁，正确的机动决策可以有效规避敌方攻击，快速进行攻击占位，在战争中取得先机。空战机动决策一般在近距离空战中运用，建立在对外界信息的感知基础上，已方所掌握信息的多少以及信息准确性将直接影响战斗机的机动决策。所以本章在识别出目标意图的前提下进行空战机动决策的研究，这样就可以充分利用已有的战场信息，根据敌方作战意图采取有针对性的机动决策，达到先发制人，最终取得战场制空权的目的。

第 4 章建立了多类别三支决策模型，根据决策模型识别目标作战意图。本章将在意图识别模型的基础上对空战多目标进行意图识别，并将意图识别结果引入威胁评估。以目标威胁为基础，结合我机的作战优势，对多机空战进行目标分配。同时，依据目标威胁程度，使用三支决策方法构建基于权值动态调整策略的机动决策模型，开展目标分配后的一对一空战机动决策研究。

5.2　机动决策动作库设计

5.2.1　基本机动动作库

在空战机动研究中，目前学术界比较认同的基本机动动作库是由 NASA 学者根据战斗机空战经验以及战斗机动力学模型设计得出的，包括 7 种最常见的基本机动动作：①匀速直线飞行；②最大加速飞行；③最大减速飞行；④最大过载右转；⑤最大过载左转；⑥最大过载爬升；⑦最大过载俯冲，如图 5-1 所示。

这 7 种机动动作是组成空战机动方式的基本单元，其他复杂的机动方式以及在空战决策中战斗机选择的机动方案都可以通过基本机动动作进行合理的组合和扩充得出。

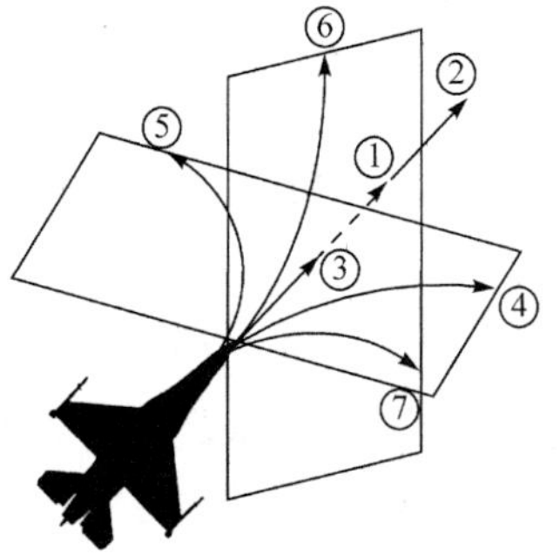

①匀速直线飞行　②最大加速飞行　③最大减速飞行　④ 最大过载右转
⑤最大过载左转　⑥最大过载爬升　⑦最大过载俯冲

图 5-1　基本机动动作库示意图

设控制飞机进行基本机动动作的控制变量为$[n_x,n_y,\gamma]$，其中，n_x表示飞机的切向过载，n_y表示飞机的法向过载，γ表示飞机在飞行过程中的横滚角。n_x可以控制飞机的飞行速度V，n_y可以控制飞机的俯仰角θ和航向角ψ，γ可以控制飞机的航向角ψ。表 5-1 表示基本机动动作与控制变量之间的对应关系。

表 5-1　基本机动动作与控制变量之间的对应关系

基本机动动作	控制变量输入		
	n_x	n_y	γ
匀速直线飞行	0	0	0
最大加速飞行	$n_x \to \max$	0	0
最大减速飞行	$n_x \to \min$	0	0
最大过载右转	0	$n_y \to \min$	$\gamma \to \min$
最大过载左转	0	$n_y \to \max$	$\gamma \to \max$
最大过载爬升	0	$n_y \to \max$	0
最大过载俯冲	0	$n_y \to \min$	0

基本机动动作都是在飞机性能下进行的极限操作，在实际空战中，飞机不可

能每次都用最大过载来改变飞行状态，尤其是对于有人作战飞机来说，由于人体的承受能力有生理上限，所以飞机过多地做极限飞行动作会极大地损害飞行员的身体健康。以最大过载转弯为例，在本节中，将转弯分为三分之一最大过载转弯、三分之二最大过载转弯和最大过载转弯三种机动形式，这种分类方式不仅可以扩充基本机动动作，还更加符合真实空战的要求。

5.2.2　典型机动动作库

1. 纯跟踪机动

纯跟踪机动是指飞机在飞行过程中其速度矢量始终指向目标的一种机动方式。在空战中，采用纯跟踪机动一般有两种情况。一种情况是若我方战斗机在敌方尾后发现目标，但由于导弹射程不够远，目标并没有进入我方飞机的导弹攻击区内，此时就需要用纯跟踪机动来跟踪目标。另一种情况是载机所携带的导弹属于被动寻的式导弹[59]，该种导弹的导引头需要接收目标辐射的无线电波，所以在导弹锁定瞄准目标的过程中，需要战斗机以前置角为零的纯跟踪机动方式来跟踪目标。图 5-2 为纯跟踪机动时我方与目标的相对运动关系。

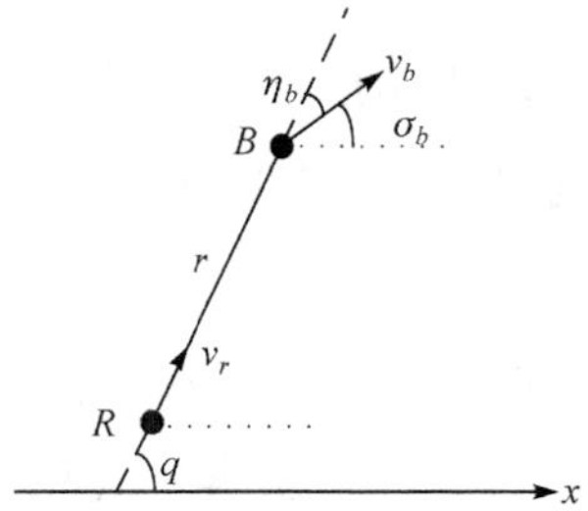

图 5-2　纯跟踪机动时我方与目标的相对运动关系

图中 R 表示我方，B 表示敌方目标；v_b 和 v_r 分别表示敌我飞机的速度；r 为敌我距离；q 表示目标视线角，σ_b 表示目标航向角，η_b 表示目标前置角。该机动模式下敌我之间满足的相时运动关系为

$$\begin{cases} \dfrac{\mathrm{d}r}{\mathrm{d}t} = v_b \cos\eta_b - v_r \\ r\dfrac{\mathrm{d}q}{\mathrm{d}t} = -v_b \sin\eta_b \\ q = \sigma_b + \eta_b \end{cases} \tag{5-1}$$

控制过载可以由式(5-1)推导得出。

2. 急跃升

飞机以给定俯仰角爬升至一定高度的机动称为急跃升，急跃升的机动过程分为进入段、直线跃升段和退出段三部分。最开始，飞机按照指定的过载进入跃升段；当俯仰角到达给定值时，进入直线跃升阶段；当接近给定的跃升高度后，飞机退出跃升操作，进入到平飞阶段。图 5-3 为飞机急跃升机动示意图。

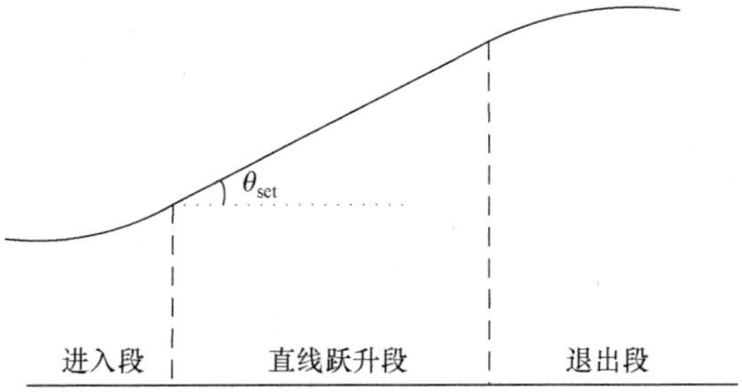

图 5-3　飞机急跃升机动示意图

进入段控制：

$$n_y = n_y + \dot{n}_y \cdot \Delta t, \quad \theta \leqslant \theta_{set} \tag{5-2}$$

其中，n_y 为控制飞机俯仰角度的方向过载；Δt 为时间间隔；θ_{set} 为飞机进入直线跃升时的给定俯仰角。当飞机俯仰角 θ 满足 $\theta > \theta_{set}$ 时，飞机进入直线跃升段。

直线跃升段控制：

$$n_y = \cos\theta_{set}, \quad h < h_{set} \tag{5-3}$$

其中，h 为飞机的飞行高度，h_{set} 为飞机给定的跃升高度。

退出段控制：

$$\begin{cases} n_y = n_y - \dot{n}_y \cdot \Delta t, & \theta > 0 \\ n_y = 1, & \theta = 0 \end{cases} \tag{5-4}$$

3. 俯冲机动

俯冲机动也是空战中较为常用的典型机动动作，其机动控制同急跃升相同，只不过急跃升向上飞行，俯冲机动是向下飞行，其原理相同，此处就不再详细介绍。

4. 战斗转弯

战斗转弯是作战飞机在急需要调整或改变飞行状态时所做的一种机动方式。对于敌我距离较远，并且与我方相向飞行的多个目标，我方数量上的劣势使得我方直接接敌可能会面临比较大的风险。因此，为了降低被击落的概率，我方作战飞机就需要利用转向这个机动方式来形成一个趋于半圆的飞行轨迹，然后沿着这条路线从敌方侧面进攻，从而降低进攻风险。图 5-4 为飞机战斗转弯机动示意图。

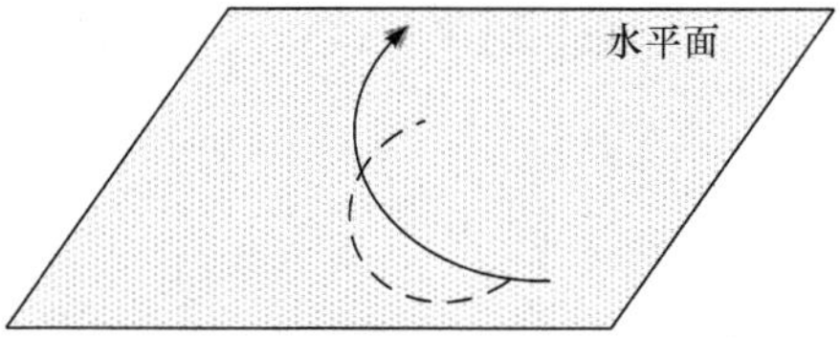

图 5-4　飞机战斗转弯机动示意图

转弯机动可分为如下阶段。

进入段控制：

$$\begin{cases} n_y = n_y + \dot{n}_y \cdot \Delta t, & n_y < n_{y\_\text{enter}} \\ n_y = n_{y\_\text{enter}}, & n_y \geqslant n_{y\_\text{enter}} \end{cases} \tag{5-5}$$

$$\begin{cases} \gamma = \gamma + \dot{\gamma} \cdot \Delta t, & |\gamma| < \gamma_{\text{set}} \\ \gamma = \gamma_{\text{set}}, & |\gamma| \geqslant \gamma_{\text{set}} \end{cases} \tag{5-6}$$

其中，n_{y_enter} 为飞机进入战斗转弯时设定的法向过载。γ 为飞机横滚角，γ_{set} 为进入战斗急转时设定的飞机横滚角。

转弯段控制：

$$\begin{cases} n_y = n_{y\_\text{enter}} \\ \gamma = \gamma_{\text{set}} \end{cases} \tag{5-7}$$

退出段控制：

当飞机方位角的增量大于给定值时，飞机即可退出战斗转弯机动。

$$\begin{cases} n_y = n_y + \dot{n}_y \cdot \Delta t, & n_y > 1 \\ n_y = 1.0, & n_y \leqslant 1 \end{cases} \tag{5-8}$$

$$\begin{cases} \gamma = \gamma - \dot{\gamma} \cdot \Delta t, & \gamma > 0 \\ \gamma = 0, & \gamma \leqslant 0 \end{cases} \tag{5-9}$$

5. 筋斗

筋斗机动是一个非常有效且具有杀伤力的防御性机动动作，在空战中有着很重要的作用，具有较强的实用性。筋斗机动是指作战飞机在速度较为均匀且水平飞行的状态下，飞行员通过拉起飞机操纵杆，让飞机向上爬升至倒立状态，之后再水平调整以恢复到正常姿态。筋斗机动过程分为进入段、保持段和退出调整段。

飞机在做完筋斗机动后会损失相当一部分速度动能，为了补足飞机动能，增强机动性，此时作战飞机应该机头朝下，将高度势能转为动能，以保证后续的空战缠斗。图 5-5 为筋斗机动示意图。

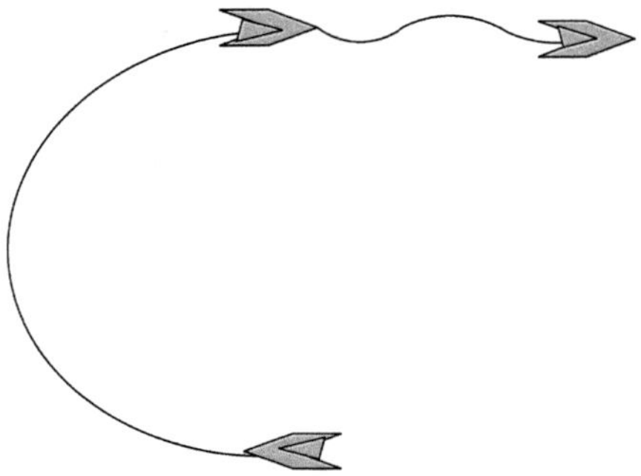

图 5-5　筋斗机动示意图

进入段控制：

$$\begin{cases} n_y = n_y + \dot{n}_y \cdot \Delta t, & n_y < n_{y\_\text{enter}} \\ n_y = n_{y\_\text{enter}}, & n_y \geqslant n_{y\_\text{enter}} \end{cases} \tag{5-10}$$

其中，n_{y_enter} 为飞机进入筋斗机动时设定的法向过载。

保持段控制：

$$n_y = n_{y\_\text{enter}} \tag{5-11}$$

退出调整段控制：

$$\begin{cases} \gamma = \gamma - \dot{\gamma} \cdot \Delta t, & \gamma > 0 \\ \gamma = 0, & \gamma \leqslant 0 \end{cases} \tag{5-12}$$

$$\begin{cases} n_y = n_y + \dot{n}_y \cdot \Delta t, & n_y > 1 \\ n_y = 1.0, & n_y \leqslant 1 \end{cases} \tag{5-13}$$

以上 5 种机动动作是空战中非常经典也非常实用的机动动作，是不断通过实战经验总结出来的。在特定的空战情形下[60-63]，作战人员会根据飞机当前态势对飞机进行相应的机动操作。

5.3　基于意图识别的威胁评估

当前大多数威胁评估研究中，都没有将目标战术意图作为影响威胁评估的关键因素，有些甚至是直接忽略意图与威胁评估的关系，仅根据目标态势因子和能力因子对目标威胁度进行综合判定。在缺失战术意图的前提下，目标威胁评估的合理性大大降低。事实上，无论从实战角度出发，还是从威胁评估的概念和功能角度出发，目标意图在威胁评估中都起着重要的作用。以往的威胁评估在确定威胁指标时，仅考虑到态势威胁因子和作战能力因子，但是作战能力因子的评估需要事先知道敌方飞机的机动性、探测能力、操作性能和电子对抗能力等，在实战中想要实时获得这些武器装备的准确信息几乎不太可能。因此，本章在识别敌方意图的基础上将敌方作战意图因子和敌我态势因子作为威胁建模的指标，威胁评估过程如图 5-6 所示。

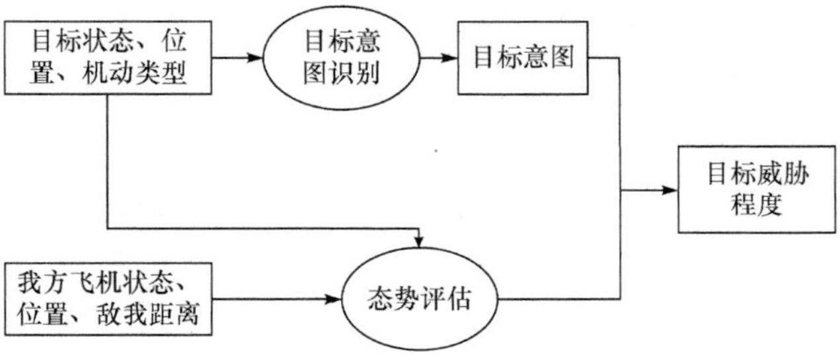

图 5-6　目标威胁评估过程示意图

1. 意图威胁评估

意图威胁因子值 Th_i 与目标的具体意图有关，不同意图必然对应不同的威胁值，因此合理量化不同威胁值以对应与其相适应的意图，对意图威胁评估有着至关重要的作用。本章使用模糊语言来描述每一种意图威胁的大小，然后使用层次分析法来计算意图威胁值。

1) 建立威胁程度模糊语言与目标威胁程度的关系

表 5-2 中显示了目标意图空间中每一种意图对应的威胁程度的模糊语言。

表 5-2　模糊语言与意图对应关系表

意图	模糊语言(威胁程度)	标度
攻击	大	5
侦察	较小	2
突防	较大	4
电子干扰	一般	3
规避	小	1

2) 构建重要程度判别矩阵

表 5-3 是判别矩阵尺度，表示不同意图威胁要素相对重要性的数量尺度，即

是相对威胁程度的数量尺度。

表 5-3　威胁程度判别矩阵

	攻击 a_1	侦察 a_2	突防 a_3	电子干扰 a_4	规避 a_5
攻击 a_1	1	$\frac{5}{2}$	$\frac{5}{4}$	$\frac{5}{3}$	$\frac{5}{1}$
侦察 a_2	$\frac{2}{5}$	1	$\frac{1}{2}$	$\frac{2}{3}$	2
突防 a_3	$\frac{4}{5}$	2	1	$\frac{4}{3}$	4
电子干扰 a_4	$\frac{3}{5}$	$\frac{3}{2}$	$\frac{3}{4}$	1	3
规避 a_5	$\frac{1}{5}$	$\frac{1}{2}$	$\frac{1}{4}$	$\frac{1}{3}$	1

由表 5-3 可知判别矩阵 E 为

$$E=\begin{bmatrix} \frac{a_1}{a_1} & \frac{a_1}{a_2} & \cdots & \frac{a_1}{a_n} \\ \frac{a_2}{a_1} & \frac{a_2}{a_2} & \cdots & \frac{a_2}{a_n} \\ \vdots & \vdots & & \vdots \\ \frac{a_n}{a_1} & \frac{a_n}{a_2} & \cdots & \frac{a_n}{a_n} \end{bmatrix} = \begin{bmatrix} e_{11} & e_{12} & \cdots & e_{1n} \\ e_{21} & e_{22} & \cdots & e_{2n} \\ \vdots & \vdots & & \vdots \\ e_{n1} & e_{n2} & \cdots & e_{nn} \end{bmatrix} \tag{5-14}$$

3) 进行相对重要程度计算

具体计算步骤如下：

(1) 求特征向量 W 的分量 w_i， $w_i=\left(\prod_{j=1}^{n} e_{ij}\right)^{\frac{1}{n}}, i=1,2,\cdots,n$ ；

(2) 归一化处理，$W_E=\frac{1}{n}\sum_{i=1}^{n} w_i$ ；

(3) 求矩阵 E 的相对重要度 w_s (权重向量)， $w_s=\left[\frac{w_1}{W_E},\frac{w_2}{W_E},\cdots,\frac{w_n}{W_E}\right]^{\mathrm{T}}$ 。

所以，将表 5-3 中的数值代入计算相对重要程度的计算公式中，得到：$w_s=[0.33,0.13,0.27,0.2,0.07]^{\mathrm{T}}$，分别是攻击、侦察、突防、电子干扰和规避的意图威胁相对量化值，等比例扩大为 $w_s=[0.99,0.39,0.81,0.6,0.21]^{\mathrm{T}}$，即是 Th_i 的值。

4) 一致性检验

决策者在比较复杂事物的因素时，由于个人能力以及主观性，比较判断会存在部分误差，这会导致最终的结果也会有相应的偏差。所以，需要采取合适的办法来确定判别矩阵 E 的准确性，即一致性比率指标 CR 。

要计算一致性比率指标 CR ，需先计算一致性检验指标 CI ，有：

$$\mathrm{CI} = \frac{\lambda_{\max} - n}{n-1} \tag{5-15}$$

其中，$\lambda_{\max}$ 是方程 $EW = \lambda W$ 的特征值的最大值，n 是判别矩阵 E 的阶数。

一致性比率指标 CR 计算如下：

$$\mathrm{CR} = \frac{\mathrm{CI}}{\mathrm{RI}} \times 100\% \tag{5-16}$$

当 CR<0.1 时，通常认为判断矩阵的一致性是可以接受的，而本节中的 CR 值等于 0。其中，RI 为随机一致性指标， RI 的值由表 5-4 查得。

表 5-4　随机一致性指标值($3 \leqslant n \leqslant 10$)

阶数 n	3	4	5	6	7	8	9	10
RI/%	0.52	0.89	1.12	1.26	1.36	1.41	1.49	1.49

2. 态势威胁评估

态势威胁评估描述的是空战中敌方飞机在空间位置和状态上对我方飞机的优劣程度，以威胁值进行量化，图 5-7 为敌我空战态势图。在图中，R 为我方作战飞机，B 为目标机，V_R 和 V_B 分别为我方飞机与目标的速度向量，d 为敌我间距离，ψ 为目标航向角，ϕ 为目标方位角，q 为目标进入角，Δh 为敌我飞机的高度差。

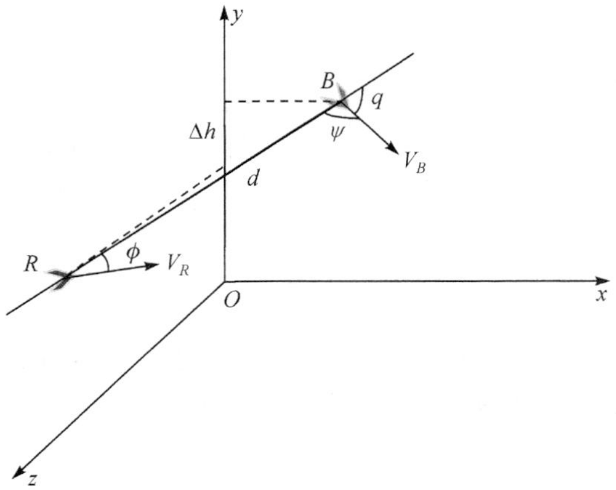

图 5-7　空战态势示意图

下面从影响态势威胁的三个主要因素：角度、距离和速度对态势威胁进行建模。

1) 角度威胁

图 5-7 中ψ为目标航向角，构建角度威胁如下：

$$\mathrm{Th}_{\mathrm{s\_A}}=\begin{cases}0, & |\psi|>\psi_{r\max} \\ 0.3-\dfrac{|\psi|-\psi_{m\max}}{10(\psi_{r\max}-\psi_{m\max})}, & \psi_{m\max}<|\psi|\leqslant\psi_{r\max} \\ 0.8-\dfrac{|\psi|-\psi_{k\max}}{2(\psi_{m\max}-\psi_{k\max})}, & \psi_{k\max}<|\psi|\leqslant\psi_{m\max} \\ 1, & 0^\circ\leqslant|\psi|\leqslant\psi_{k\max}\end{cases} \tag{5-17}$$

其中，$\psi_{r\max}$为敌机雷达最大搜索角，$\psi_{m\max}$为敌方导弹最大离轴发射角，$\psi_{k\max}$为敌方导弹不可逃逸区最大攻击角。

由式(5-17)可见，目标航向角越大，对我方飞机的角度威胁就越小；反之，威胁度越大。

2) 距离威胁

设敌方导弹不可逃逸区最小距离为$R_{k\min}$，敌方导弹不可逃逸区最大距离为$R_{k\max}$；敌方导弹最大射程为$R_{m\max}$；敌方机载雷达最大探测距离为$R_{r\max}$。因为敌我距离d越小，敌方飞机对我方作战飞机威胁越大，据此构建距离威胁函数：

$$\mathrm{Th}_{\mathrm{s\_D}}=\begin{cases}0, & d>R_{r\max} \\ 0.5\mathrm{e}^{-\frac{d-R_{m\max}}{R_{r\max}-R_{m\max}}}, & R_{m\max}<d\leqslant R_{r\max} \\ 2^{-\frac{d-R_{k\max}}{R_{m\max}-R_{k\max}}}, & R_{k\max}<d\leqslant R_{m\max} \\ 1, & R_{k\min}<d\leqslant R_{k\max} \\ 2^{\frac{d-R_{k\min}}{R_{k\min}}}, & 0\leqslant d\leqslant R_{k\min}\end{cases} \tag{5-18}$$

3) 速度威胁

根据经验，敌方飞机相对速度越大，我方飞机所受的威胁就越大。根据敌我飞机速度V_B、V_R构建如下速度威胁：

$$\mathrm{Th}_{\mathrm{s\_V}}=\begin{cases}0.1, & V_B \leqslant 0.5V_R \\ 1.5-\dfrac{V_B}{V_R}, & 0.5V_R < V_B < 1.5V_R \\ 1, & V_B \geqslant 1.5V_R\end{cases} \tag{5-19}$$

4) 态势整体威胁度

根据以往的作战经验，角度和距离之间的相关性较强，再结合上述 3 个威胁函数，得出我方飞机受目标总的威胁度为

$$\mathrm{Th}_s = n_1\left(\mathrm{Th}_{\mathrm{s\_A}}{}^{\omega_1}\cdot \mathrm{Th}_{\mathrm{s\_D}}{}^{\omega_2}\right)+n_2\mathrm{Th}_{\mathrm{s\_V}} \tag{5-20}$$

其中，ω_1,ω_2 为权值系数，且 $0\leqslant\omega_1,\omega_2\leqslant 1$，$\omega_1+\omega_2=1$；$n_1$，$n_2$ 为加权系数，$n_1+n_2=1$。本章 ω_1,ω_2 均取 0.5；n_1 取 0.85，n_2 取 0.15。

3. 目标总威胁度

设 Th_i 为意图威胁因子值，Th_s 是态势整体威胁度，则总威胁为

$$\mathrm{Th}=\eta_i\mathrm{Th}_i+\eta_s\mathrm{Th}_s \tag{5-21}$$

其中，η_i,η_s 为对应的权重，$\eta_i\in(0,1)$，$\eta_s\in(0,1)$，$\eta_i+\eta_s=1$。

在威胁评估中，指标权重确定的合理性在很大程度上影响评估过程的正确性。一般来说，在空战中敌我距离越近，态势变化就越明显，双方飞机所做的任意一个机动动作就有可能使得彼此的态势优劣发生转变，所以敌我距离较近时，态势威胁因子的权重要大于意图威胁因子的权重；反之，当敌我距离较远时，双方飞机都有较为充足的时间去调整各自的位置和状态，此时态势变化对威胁的影响就会变小。而若能在距离较远的情况下知道目标的作战意图，根据目标意图判断目标威胁程度就显得尤为重要，所以当敌我距离较远时，意图威胁因子的权重要大于态势威胁因子的权重。

设敌我距离远近的分界标准为 $D_{d\min}$ 和 $D_{d\max}$，则指标权重设置如下：

$$\begin{cases}\eta_s=0.3,\ \eta_i=0.7, & d>D_{d\max} \\ \eta_s=0.5,\ \eta_i=0.5, & D_{d\min}\leqslant d\leqslant D_{d\max} \\ \eta_s=0.7,\ \eta_i=0.3, & d<D_{d\min}\end{cases} \tag{5-22}$$

其中，d 为敌我实际的距离。本章将 $D_{d\min}$ 设置为 20km，将 $D_{d\max}$ 设置为 35km。

5.4　多机空战协同目标分配

多目标分配是多机协同空战的必要技术之一。在空战战场中，由于每架飞机

所携带的机载设备和武器数量有限，因此就需要根据敌方目标将我方编队中的飞机进行合理的分配，以应对来袭的敌方目标，从而实现整体作战优势的最大化。多目标分配能够同时优化多个目标函数，得到一系列不同侧重的解，满足决策者在不同作战场景下的不同作战需求。

5.4.1 作战飞机对目标的作战优势

对敌我交战双方飞机进行作战情形上的优劣比较是目标分配的前提和基础，以图 5-7 为参照，本节以角度、距离和能量作为衡量我方飞机对敌方目标态势优势的评价因素。

1) 角度优势

依据几何关系，目标方位角 ϕ 越大，我方飞机攻击目标的范围就会越小，所以构建角度优势函数：

$$S_{\text{sit\_A}} = 1 - \frac{\left(|\phi| + |q|\right)}{2\pi} \tag{5-23}$$

其中，ϕ 为目标方位角，q 为目标进入角，且 $\phi \in [0°, 180°]$，$q \in [0°, 180°]$。

2) 距离优势

在作战飞机雷达的有效探测范围内，距离优势随着敌我之间距离 d 的减小而增大。同时，导弹攻击区范围也会对距离优势产生影响，实际作战中导弹攻击区并非球型，其边界随着目标进入角 $|q|$ 的增大而递增，即迎头攻击时最大，侧向次之，尾追攻击最小。设我方作战飞机机载雷达的最大探测距离为 $D_{r\max}$，空空导弹最大射程为 $D_{m\max}$，构建如下作战飞机对目标的距离优势函数：

$$S_{\text{sit\_D}} = \begin{cases} 0, & d \geqslant D_{r\max} \\ \dfrac{D_{r\max} - d}{D_{r\max} - D_{m\max}}, & aD_{m\max} \leqslant d < D_{r\max} \\ 1, & d < aD_{m\max} \end{cases} \tag{5-24}$$

其中，a 为与目标进入角有关的约束系数，定义如下：

$$a = \mathrm{e}^{\frac{q - 180°}{260°}} \tag{5-25}$$

3) 能量优势

作战飞机的能量就是指飞机高度势能和速度动能的和，即是指我机在高度和速度方面对目标所具有的相对优势情形。能量函数构建如下：

$$E = h + \frac{v^2}{2g} \tag{5-26}$$

其中，E 为战机单位质量所具有的能量，h 为飞机的飞行高度，v 为飞机的飞行速度，g 为重力加速度。根据空战经验，我方作战飞机如果在高度和速度都略大于敌机时，所具有的能量优势就较大，因此构建能量优势函数为

$$S_{\text{sit\_E}} = \frac{E_r - E_b}{E_r} \tag{5-27}$$

其中，E_r 为我方飞机单位质量所具有的能量，E_b 为敌方飞机单位质量所具有的能量。

4) 综合作战优势

通过分析作战飞机与目标的相对几何态势，发现敌我飞机的角度、距离、能量与我方作战飞机的相对态势优势联系密切。综合上述三个优势函数，我方飞机对目标总态势优势函数 S_{sit} 为

$$S_{\text{sit}} = m_1 S_{\text{sit\_A}} + m_2 S_{\text{sit\_D}} + m_3 S_{\text{sit\_E}} \tag{5-28}$$

其中，m_1, m_2, m_3 为加权系数，且满足 $0 \leqslant m_1, m_2, m_3 \leqslant 1$，$m_1 + m_2 + m_3 = 1$。由优势函数 S_{sit} 可知，S_{sit} 越大，作战飞机对目标飞机的态势优势就越大。本章设置 $m_1 = 0.4, m_2 = 0.2, m_3 = 0.4$。

综合作战飞机对目标的总态势优势 S_{sit} 和目标对作战飞机的威胁程度 Th 来分析协同空战中我机对敌机的综合作战优势。构建综合作战优势函数：

$$Q = S_{\text{sit}} - \text{Th} \tag{5-29}$$

5.4.2　多机协同空战目标分配模型

由于空中战场环境的复杂性以及交战飞机数量的变化性，我方不能一味地追求某架作战飞机对另一架目标机的作战优势的最大化，即最大化我方作战飞机对所有目标的作战态势。

假设参与作战的飞机中我方有 M 架，敌方有 N 架，则根据已经建立好的综合优势模型可知，我方第 i 架飞机相比于敌方第 j 架飞机的作战优势为 Q_{ij}。为了不浪费我方的作战资源，并同时完成空战任务，设定我方一架作战飞机只对应一个敌方目标，因此目标分配的最终结果就是将多机空战变成了多个一对一的空战决策。用 x_{ij} 表示将第 j 个目标是否分配给我方第 i 架飞机，当 $x_{ij} = 1$ 时，表示是；当 $x_{ij} = 0$ 时，表示否。综合上述描述，构建协同目标分配矩阵模型：

$$X = \begin{bmatrix} x_{11} & x_{12} & \cdots & x_{1N} \\ x_{21} & x_{22} & \cdots & x_{2N} \\ \vdots & \vdots & & \vdots \\ x_{M1} & x_{M2} & \cdots & x_{MN} \end{bmatrix} \tag{5-30}$$

构建协同目标分配矩阵的目的就是从中找出一组最优解 x 使得我方参与攻击目标的作战飞机对目标的作战优势达到最大的期望值。用 $J(X)$ 表示目标函数，则有：

$$J(X) = \max_{i,j} \sum_{j=1}^{N} \sum_{i=1}^{M} x_{ij} Q_{ij} \tag{5-31}$$

在作战中，假定一个目标只分配一架我方飞机与之对抗，则有如下约束条件：

$$\begin{gathered} x_{ij} \in \{0,1\} \\ \sum_{i=1}^{M} x_{ij} \leqslant 1,\ j = 1,2,\cdots,N \\ \sum_{j=1}^{N} x_{ij} \leqslant 1, i = 1,2,\cdots,M \\ \sum_{j=1}^{N} \sum_{i=1}^{M} x_{ij} = \min\{M, N\} \end{gathered} \tag{5-32}$$

动态规划方法是运筹学的一个分支，该方法实质上就是将多阶段最优决策问题分解为各单阶段，每个阶段的决策与上一阶段密切相关，同时也决定着下一阶段的决策，由此逐一求解，最终得到问题的最优解决策略。递推是动态规划方法的核心思想，与穷举法相比较，采用动态规划的方法可以大大减小问题的复杂度。与遗传算法、模拟退火算法和粒子群算法等智能方法相比较，动态规划方法能够保证求得的解是全局最优解。因此，本章采用动态规划方法求解协同目标分配问题。由于求解多目标分配问题不是本章的研究重点，且动态规划方法已提出多年，有大量的文献可供参考学习，所以具体的求解步骤不再阐述。

5.5 空战机动决策

在空战中，飞行员在操纵我机机动的同时监控战斗机的飞行状态以及战场的态势，并根据任务要求和我机感知的外部战场环境信息进行分析和判断，从而采取对己方有利的机动策略，这就是空战机动决策过程。图 5-8 为本章设计的空战机动过程示意图。

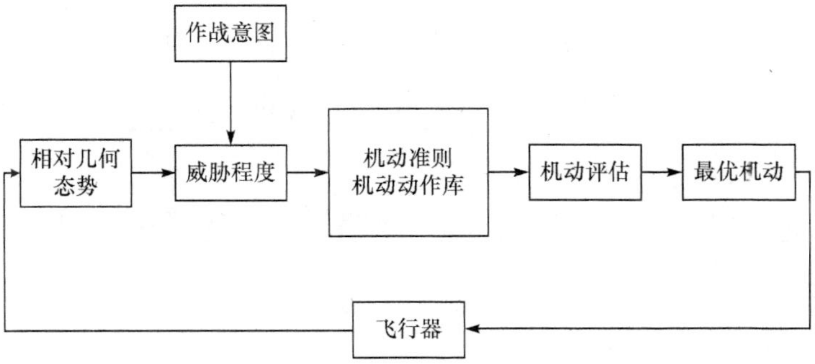

图 5-8　空战机动过程示意图

5.5.1　战斗机动力学模型

飞机的运动可以看作是质点运动，使用三自由度质点模型来建立战斗机飞行动力学模型，可表示为

$$
\begin{aligned}
\dot{x} &= V\cos\theta\cos\psi \\
\dot{y} &= V\cos\theta\sin\psi \\
\dot{z} &= V\sin\theta \\
\dot{V} &= g\left(n_x - \sin\theta\right) \\
\dot{\psi} &= \frac{g n_y \sin\gamma}{V\cos\theta} \\
\dot{\theta} &= \frac{g}{V}\left(n_y\cos\gamma - \cos\theta\right)
\end{aligned} \tag{5-33}
$$

其中，x，y，z 分别表示飞机在 x 轴、y 轴和 z 轴上的坐标值；g 为重力加速度；ψ 表示飞机的航向角，θ 表示飞机的俯仰角，γ 表示飞机的横滚角；V 表示飞机的飞行速度，n_x 表示飞机的切向过载，n_y 表示飞机的法向过载。$S=\left[x,y,z,V,\psi,\theta\right]$ 可以表示飞机的状态向量，$u=\left[n_x,n_y,\gamma\right]$ 表示飞机的控制向量，通过飞机的控制值(即控制向量)可以计算出飞机下一时刻的状态值(即状态向量)。递推公式如下：

$$
S_{t+1} = S_t + \int_t^{t+1}\left(S_t,u_t\right) \tag{5-34}
$$

5.5.2　使用模糊逻辑构建机动决策评价函数

角度、高度、距离和速度这四个因素共同构成了空战机动的主要因素，所以空战中具体的机动决策选择是基于这四个因素的组合而做出的。空战机动是一个复杂的动态过程，存在大量的不确定性和模糊性，为了使机动决策的结果更加符合可靠性和可使用性的要求，本章采用模糊逻辑建立机动决策评价函数。以图 5-7 为参考，有：

$$d=\sqrt{(x_R-x_B)^2+(y_R-y_B)^2+(z_R-z_B)^2} \tag{5-35}$$

$$\phi=\arccos\left\{\frac{[(x_B-x_R)\cos\theta_R\cos\psi_R+(y_B-y_R)\cos\theta_R\sin\psi_R+(z_B-z_R)\sin\theta_R]}{d}\right\} \tag{5-36}$$

$$q=\arccos\left\{\frac{[(x_R-x_B)\cos\theta_B\cos\psi_B+(y_R-y_B)\cos\theta_B\sin\psi_B+(z_R-z_B)\sin\theta_B]}{d}\right\} \tag{5-37}$$

1) 角度因子评价函数

同前面的分析一样，角度因子一直是空战中的关键因素。对我方来说，从敌机尾部攻击是最理想的攻击情形；相反，当敌机处于我方飞机尾部时，我方很有可能被击落。简而言之，就是尽量从对手尾后追击目标，使目标进入我方导弹攻击区，发射导弹将其击落，并极力避免进入对方的进攻区域。机载导弹离轴发射能力对于增强飞机的攻击能力有着非常重要的作用，当敌机在我方飞机离轴发射角度范围以内，则可认为此时角度因子评价函数为理想值 1。基于上述分析，构建角度因子评价函数：

$$\varPhi_A=\begin{cases}1, & 0°\leqslant q\leqslant k_a\cdot\delta_{m\max}\\ 1-q/\pi, & 其他\end{cases} \tag{5-38}$$

其中，$\delta_{m\max}$ 是导弹最大离轴发射角；k_a 是角度增强因子，用以增强角度因子评价函数的可靠性，$k_a\in(0,1]$，本章 k_a 取 1。

2) 高度因子评价函数

在空战战场中，拥有更高飞行高度和更大飞行速度的飞机相对于其他飞机就具有更大的可操作性，在态势上也会获得比较大的优势，有利于掌握战场的主动权。高度优势不仅可以增加飞机自身的能量优势，还可以增加导弹的可操作性能量，但是如果敌我飞机高度差过大，会严重影响到我方飞机的空战性能，并且空空导弹在飞行过程中也需要在铅垂面内做大幅度机动，作战飞机的高度优势也会相应减小。所以，高度优势应该存在合理的高度差上下边界，敌我高度差 Δh 在这个边界内，我方才具有较好的高度优势。基于上述分析，构建高度因子评价函数：

$$\varPhi_H=\begin{cases}1, & k_h\cdot\Delta H_{\text{down}}\leqslant\Delta h\leqslant k_h\cdot\Delta H_{\text{up}}\\ \mathrm{e}^{-\frac{h_R-h_B-k_h\cdot\Delta H_{\text{up}}}{\Delta H_{\text{up}}}}, & \Delta h>k_h\cdot\Delta H_{\text{up}}\\ \mathrm{e}^{\frac{h_R-h_B-k_h\cdot\Delta H_{\text{down}}}{\Delta H_{\text{down}}}}, & \Delta h<k_h\cdot\Delta H_{\text{down}}\end{cases} \tag{5-39}$$

其中，$\Delta h=h_R-h_B$，h_R 表示我方飞机的飞行高度，h_B 表示敌方飞机的飞行高度；

ΔH_{up} 和 ΔH_{down} 是保持最佳高度优势的高度差的上下边界，本章中取 $\Delta H_{\mathrm{up}}=1000$，$\Delta H_{\mathrm{down}}=0$；$k_h$ 是高度增强因子，用以增强高度因子评价函数的可靠性，$k_h \in (0,1]$，本章中 k_h 取 1。

3) 距离因子评价函数

机载火控计算机可以实时计算出飞机的导弹攻击区以及不可逃逸区。导弹攻击区是指当目标进入我方攻击区后我方飞机会以给定概率击毁敌方目标；不可逃逸区是指一旦目标进入到该区域，无论目标怎么机动，我方都会必然击落该目标或者是以极大的概率击落目标。因此，导弹不可逃逸区要小于导弹攻击区。为了确保距离优势，提高攻击概率，需要将不可逃逸区的概念引入构建距离因子评价函数中。如果目标在飞机的不可逃逸区内，则距离因子函数达到最佳效果值 1；如果目标不在飞机的不可逃逸区内，则要给距离因子施加适当的奖励值或者是惩罚值，以促使目标尽早进入我方飞机导弹攻击的不可逃逸区内。基于上述分析，构建距离因子评价函数：

$$\Phi_D = \begin{cases} 1, & k_d \cdot L_{M\_\mathrm{near}} \leqslant d \leqslant k_d \cdot L_{M\_\mathrm{far}} \\ \mathrm{e}^{\frac{L_{M\_\mathrm{far}} - d/k_d}{L_{M\_\mathrm{far}}}}, & d > k_d \cdot L_{M\_\mathrm{far}} \\ \mathrm{e}^{\frac{d/k_d - L_{M\_\mathrm{near}}}{L_{M\_\mathrm{near}}}}, & d < k_d \cdot L_{M\_\mathrm{near}} \end{cases} \tag{5-40}$$

其中，k_d 是距离增强因子，用以增强距离因子评价函数的可靠性，$k_d \in (0,1]$，本章 k_d 取 1；L_{M_far} 和 L_{M_near} 分别表示机载导弹不可逃逸区的最大和最小边界距离，L_{M_far} 和 L_{M_near} 可以通过以下方式计算得出：

$$\begin{cases} L_{M\_\mathrm{far}} = f_{\max}\left(h_R, h_B, V_R, V_B, n_{B\_\max}, q_M\right) \\ L_{M\_\mathrm{near}} = f_{\min}\left(h_R, h_B, V_R, V_B, n_{B\_\max}, q_M\right) \end{cases} \tag{5-41}$$

其中，$n_{B\_\max}$ 表示敌方飞机的最大机动过载，q_M 表示导弹离轴角。

4) 速度因子评价函数

建立速度因子评价函数的目的就是保证我方飞机在取得态势优势的前提下以最短的时间使目标进入到我方导弹攻击的不可逃逸区内。同时，我方飞机飞行速度本身也应该相对于目标要保持相对优势，以获得较高的速度能量，来应对不断变化的敌我态势和战场环境。当目标进入到我方导弹的不可逃逸区内，我方飞机应维持与目标同样的飞行速度；当目标未进入到我方导弹的攻击区时，我方飞机应加大飞行速度以缩短敌我距离。基于上述分析，构建速度因子评价函数：

$$\Phi_V=\begin{cases}1, & k_v\cdot L_{M\_\text{near}}\leqslant d\leqslant k_v\cdot L_{M\_\text{far}}\\ \mathrm{e}^{(V_R-V_{\max})/V_B}, & d>k_v\cdot L_{M\_\text{far}}\\ \mathrm{e}^{(V_{\min}-V_R)/V_B}, & d<k_v\cdot L_{M\_\text{near}}\end{cases} \tag{5-42}$$

其中，$V_{\max}$ 和 $V_{\min}$ 分别表示我方飞机飞行速度的最大值和最小值；k_v 是速度增强因子，用以增强速度因子评价函数的可靠性，$k_v\in(0,1]$，本章 k_v 取 1。

5) 机动决策评价函数

机动决策评价函数就是将角度因子、高度因子、距离因子和速度因子这 4 个因素综合考虑，按照一定的权重规则将 4 个函数相加。根据该评价函数飞机就可以选择最优的控制变量以控制飞机做出相应的机动动作，最终形成可行的飞行轨迹。评价函数定义如下：

$$f\left(\Phi_A,\Phi_H,\Phi_D,\Phi_V\right)=\eta_a\Phi_A+\eta_h\Phi_H+\eta_d\Phi_D+\eta_v\Phi_V \tag{5-43}$$

其中，η_a 表示角度函数对应的权重；η_h 表示高度函数对应的权重；η_d 表示距离函数对应的权重；η_v 表示速度函数对应的权重。

5.5.3 基于三支决策的权重动态调整策略

在近距空战中，影响机动决策的 4 个因素的权重在不同的态势威胁情况下应有所不同。比如，当我方飞机所受威胁不大时，应该缩短距离，保持角度优势，并同时增加高度优势和速度优势，因此，距离因子的权重应该最大，其次是角度因子，而后才是速度因子和高度因子。当我方所受威胁很大时，首先应该增加飞机逃生的超前角度并扩大速度，因此此时角度因子的权重最大，然后是速度因子，其次是高度因子和距离因子。通过对不同威胁下影响因素权重的分析，令 $A=\{a_P,a_B,a_N\}$ 表示角度、高度、距离和速度按权重大小排序的 3 种不同情况，即三支决策域中的 POS 域、BND 域和 NEG 域，则规则如下：

$$a_P:\ \eta_a\geqslant\eta_v\geqslant\eta_h\geqslant\eta_d$$
$$a_B:\ \eta_h\geqslant\eta_a\geqslant\eta_d\geqslant\eta_v$$
$$a_N:\ \eta_d\geqslant\eta_a\geqslant\eta_v\geqslant\eta_h$$

权重动态调整策略不仅可以使机动决策方法看起来更加合理，而且更符合空战情形，并且充分利用了之前已经求解出的目标威胁程度，大大降低了机动决策的运算量，提高了机动决策系统的效率。图 5-9 为本章设计的机动决策权重调整过程示意图。

实施不同的权重策略会产生不同的损失，记 λ_{Py}，λ_{By}，λ_{Ny} 分别表示当我方飞机面临威胁时，实施 3 种权重策略 a_P,a_B,a_N 所对应的损失函数值；λ_{Pn}，λ_{Bn}，λ_{Nn}

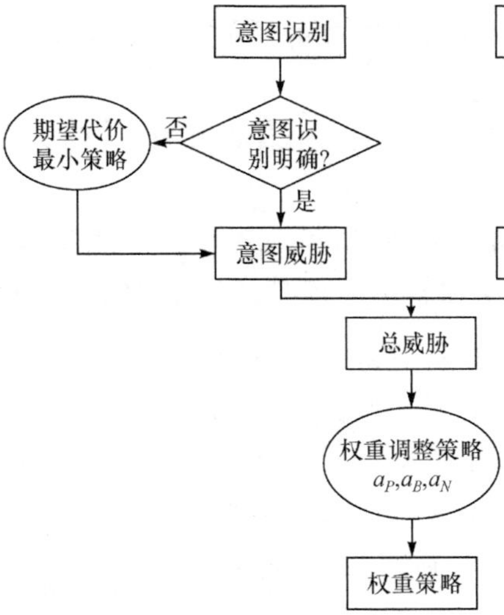

图 5-9　机动决策权重调整过程示意图

分别表示当我方飞机无威胁时，实施 3 种权重策略 a_P , a_B , a_N 所对应的损失函数值。表 5-5 是三支决策损失矩阵，表中 s_y 和 s_n 分别表示有威胁和无威胁下的状态。

表 5-5　三支决策损失矩阵

决策	状态	损失值
POS	s_y	λ_{Py}
	s_n	λ_{Pn}
BND	s_y	λ_{By}
	s_n	λ_{Bn}
NEG	s_y	λ_{Ny}
	s_n	λ_{Nn}

根据实施 3 种权重调整策略不同的决策损失函数值和最小风险贝叶斯决策方法可以求出实施权重策略 a_P , a_B , a_N 对应的期望代价：

$$
\begin{aligned}
R(a_P|X)&=\lambda_{Py}P(s_y|X)+\lambda_{Pn}P(s_n|X)\\
R(a_B|X)&=\lambda_{By}P(s_y|X)+\lambda_{Bn}P(s_n|X)\\
R(a_N|X)&=\lambda_{Ny}P(s_y|X)+\lambda_{Nn}P(s_n|X)
\end{aligned}
\tag{5-44}
$$

其中， $P(s_y|X)+P(s_n|X)=1$ 。

根据决策规则应选择期望代价最小的权重策略作为最终的决策方案，选择期望代价最小的依据规则分别如下所示。

规则 P：若 $R(a_P|X)\leqslant R(a_B|X)$ 且 $R(a_P|X)\leqslant R(a_N|X)$ ，则选择权重策略 a_P ，即是 POS 域。

规则 B：若 $R(a_B|X) \leqslant R(a_P|X)$ 且 $R(a_B|X) \leqslant R(a_N|X)$，则选择权重策略 a_B，即是 BND 域。

规则 N：若 $R(a_N|X) \leqslant R(a_B|X)$ 且 $R(a_N|X) \leqslant R(a_P|X)$，则选择权重策略 a_N，即是 NEG 域。

根据实际情况可知，飞机在有威胁的情形下选择权重策略 a_P 的损失函数值必然要小于选择 a_B 和 a_N 的损失函数值，而且选择 a_B 的损失函数值要小于选择 a_N 的损失函数值。因此，有 $0 < \lambda_{Py} < \lambda_{By} < \lambda_{Ny}$， $0 < \lambda_{Nn} < \lambda_{Bn} < \lambda_{Pn}$，所以结合期望代价公式和代价最小规则可得如下规则 (P′～N′)。

规则 P′：若 $P(s_y|X) \geqslant \alpha$，则 $a_P = \text{POS}$ 域，即 $\eta_a \geqslant \eta_v \geqslant \eta_h \geqslant \eta_d$。

规则 B′：若 $\beta < P(s_y|X) < \alpha$，则 $a_B = \text{BND}$ 域，即 $\eta_h \geqslant \eta_a \geqslant \eta_d \geqslant \eta_v$。

规则 N′：若 $P(s_y|X) \leqslant \beta$，则 $a_N = \text{NEG}$ 域，即 $\eta_d \geqslant \eta_a \geqslant \eta_v \geqslant \eta_h$。

对于飞机所面临威胁大小的状态信息可以用 5.3 节目标威胁评估中计算得出的目标威胁来表示，当得出的目标威胁为 Th，则可认为我方飞机遇到威胁的先验概率 $P(s_y|X) = \text{Th}$，无威胁时的先验概率为 $P(s_n|X) = 1 - \text{Th}$。

近距空战中，对于已经识别出作战意图的目标，可直接由目标意图和敌我态势求出其总威胁度 Th；对于未识别出意图的目标，由于已经没有足够多的时间去继续识别该目标，此时就必然要在备选意图中选择出一个较为合适的意图，因此本章采用求期望代价最小的方式去评估目标威胁度。

例如，对于目标 M，其最终的意图确定在意图 1 和意图 2 之间(其他情况可以采用类似的方法求解)，由于现实问题中存在着多种不同的决策代价，而误分类代价又往往具有不均衡性，即不同的错误分类会导致不同的代价。比如，将规避意图错误识别成攻击意图的风险要远远小于将攻击意图识别成规避意图的风险。因此，意图 1 与意图 2 的风险损失矩阵设置如表 5-6 所示。

表 5-6　风险损失矩阵

真实	预测	
	意图 1	意图 2
意图 1	λ_{11}	λ_{12}
意图 2	λ_{21}	λ_{22}

设置意图风险损失矩阵的最终目的就是要在无法识别出具体意图的情况下，在诸多备选意图中找出决策风险损失最小的那个意图。在先前的三支决策意图识别分类中已经求出了意图 1 和意图 2 对应的先验概率值 $P(D_1|X)$ 和 $P(D_2|X)$，则真实意图是意图 1 和意图 2 对应的决策损失期望代价分别是：

$$\begin{aligned} R_1 &= \lambda_{11}P_1 + \lambda_{12}P_2 \\ R_2 &= \lambda_{21}P_1 + \lambda_{22}P_2 \end{aligned} \tag{5-45}$$

其中，P_1, P_2 分别为

$$P_1 = \frac{P(D_1|X)}{P(D_1|X)+P(D_2|X)}, \quad P_2 = \frac{P(D_2|X)}{P(D_1|X)+P(D_2|X)} \tag{5-46}$$

取 $\min\{R_1, R_2\}$ 作为最终的意图，由此求出 Th_i，进而得到总威胁 Th。根据总威胁 Th 所处的域，采取相应的权重策略。

空战中，机动决策的目的是使得空战态势向着我方有利的方向发展，就是在每一决策时刻，找出使机动决策评价函数值最大的控制变量。依据式(5-34)可知，由飞机当前时刻的状态向量 S_t 及所选择的控制变量 u_t，可得到飞机下一时刻的状态向量 S_{t+1}，进而知道 $t+1$ 时刻飞机的机动评价函数 $f_{t+1}(\varPhi_A, \varPhi_H, \varPhi_D, \varPhi_V)$。递推关系如式(5-47)所示：

$$(S_t, u_t) \leftrightarrow S_{t+1} \leftrightarrow f_{t+1}(\varPhi_A, \varPhi_H, \varPhi_D, \varPhi_V) \tag{5-47}$$

设 u_t' 为 t 时刻最佳的控制变量，则有：

$$(S_t, u_t') \leftrightarrow f_{t+1}'(\varPhi_A, \varPhi_H, \varPhi_D, \varPhi_V) = \max\{f_{t+1}\} \tag{5-48}$$

控制变量 $u = \left[n_x, n_y, \gamma\right]$ 的选择依据如下所示。

当目标威胁满足 $P\left(s_y \middle| X\right) \geqslant \alpha$ 时，控制变量 u 从表 5-1 中选择。此时，目标威胁较大，我机需要使用极限操作来改变不利状况。

当目标威胁满足 $\beta < P\left(s_y \middle| X\right) < \alpha$ 时，以表 5-1 为基础，将最大过载和最大横滚角变为三分之二最大过载和三分之二最大横滚角，控制变量 u 从改进后的表 5-1 中选择。此时，目标威胁较小，我机使用三分之二极限操作来改变空战态势即可，以此来降低飞行员的身体负担。图 5-10 为多机空战决策系统的总体设计图。

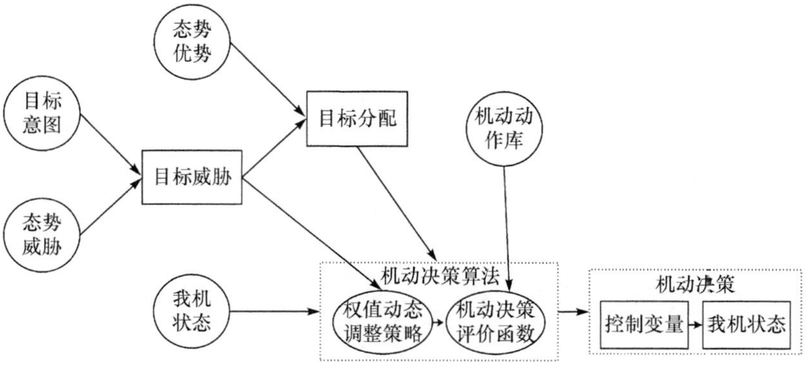

图 5-10　多机空战决策系统的总体设计图

5.6 仿真验证与分析

5.6.1 仿真场景设计

作战想定：我方有 3 架作战飞机，分别为 C_1, C_2, C_3，在空间的初始位置分别为(10,10,6)，(5,10,6)，(10,5,6)，单位为 km；初始速度均为 240m/s。表 5-7 是我方作战飞机及其携带导弹性能参数表。敌方有 T_1, T_2, T_3 三架作战飞机，空间的初始位置分别为(80,85,7)，(75,85,7)，(85,75,7)，单位为 km；初始速度为 270m/s。表 5-8 是敌方作战飞机及其携带导弹性能参数表。图 5-11 是多机空战轨迹图，图 5-12 为图 5-11 的俯视图，图 5-13 为图 5-11 的侧视图。

表 5-7 我方作战飞机及其携带导弹性能参数表

我方作战飞机	$D_{r\max}$ /km	$D_{m\max}$ /km	$\delta_{r\max}$ /(°)	L_{M_far} /km	L_{M_near} /km	$\delta_{m\max}$ /(°)	$\delta_{k\max}$ /(°)
C_1	110	30	60	15	5	40	20
C_2	110	30	60	15	5	40	20
C_3	110	30	60	15	5	40	20

表 5-8 敌方作战飞机及其携带导弹性能参数表

敌方作战飞机	$R_{r\max}$ /km	$R_{m\max}$ /km	$\psi_{r\max}$ /(°)	$R_{k\max}$ /km	$R_{k\min}$ /km	$\psi_{m\max}$ /(°)	$\psi_{k\max}$ /(°)
T_1	100	30	60	15	5	40	20
T_2	100	30	60	15	5	40	20
T_3	100	30	60	15	5	40	20

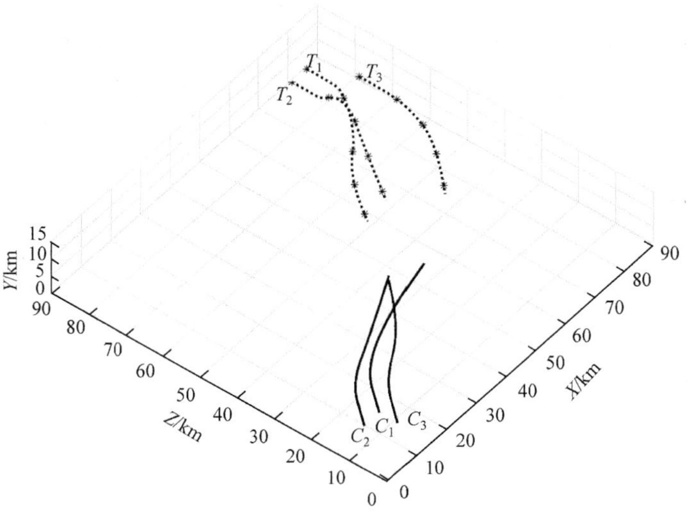

图 5-11 多机空战轨迹图

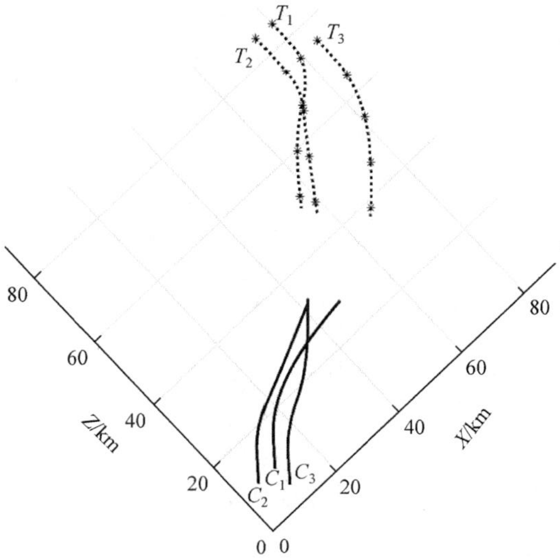

图 5-12 多机空战轨迹俯视图

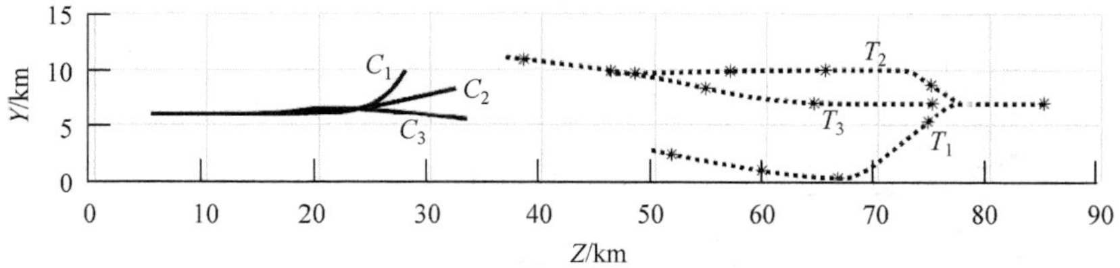

图 5-13 多机空战轨迹侧视图

表 5-7 中，$D_{r\max}$ 为我方雷达最大探测距离，$D_{m\max}$ 为我方导弹最大射程，$\delta_{r\max}$ 为我方雷达最大搜索角，L_{M_far} 为导弹不可逃逸区的最大距离，L_{M_near} 为导弹不可逃逸区的最小距离，$\delta_{m\max}$ 为导弹最大离轴发射角，$\delta_{k\max}$ 为导弹不可逃逸区最大攻击角。

5.6.2 多目标意图识别仿真

多目标意图识别与单目标意图识别相类似，在空战开始时分别对每个目标进行意图识别。因为我方在空战中需要依据目标意图对目标进行威胁评估，所以本节中使用三支决策模型二对目标进行意图识别，这样做的好处是我方在识别的每个时间点上都可以找到风险决策最小的意图决策结果。

图 5-14～图 5-16 分别是目标一、目标二和目标三的意图识别决策结果损失图。

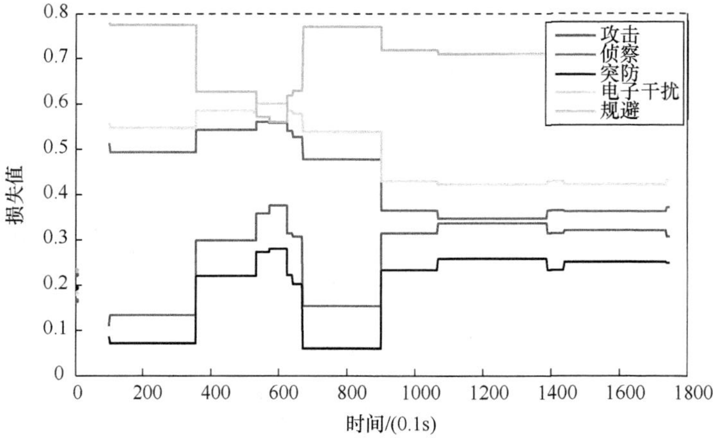

图 5-14　目标一意图识别决策结果损失图(见彩图)

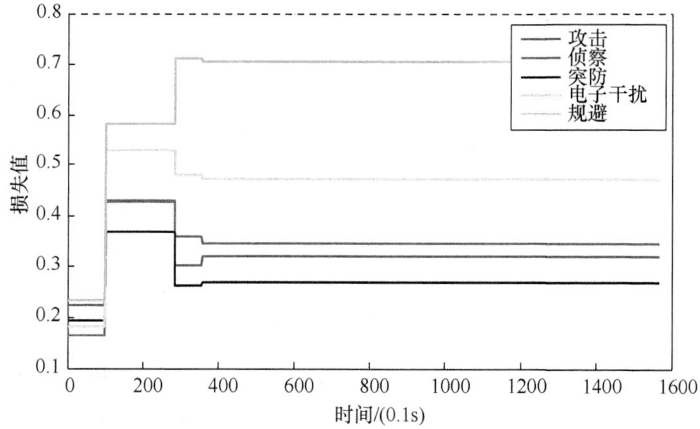

图 5-15　目标二意图识别决策结果损失图(见彩图)

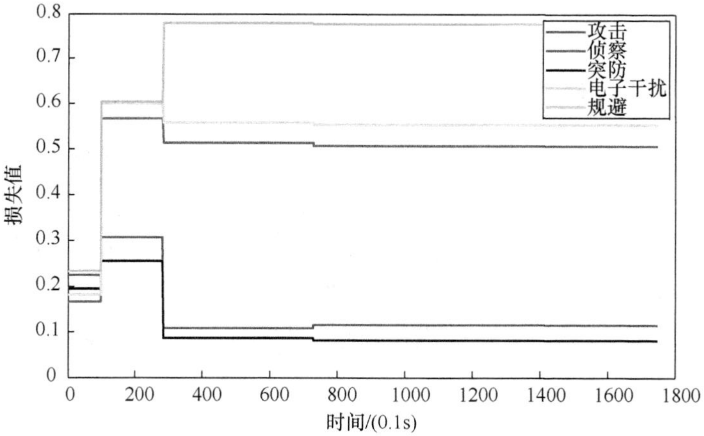

图 5-16　目标三意图识别决策结果损失图(见彩图)

由图 5-11～图 5-13 可以看出，目标一在作战开始时便朝下飞行，以超低空的飞行方式接近目标，因此可以得出，目标一的作战意图极有可能为突防，而仿真结果也验证了这一判别。目标二以高空飞行的形式接近目标，其作战意图是侦察和突防的可能性较高，在图 5-15 中，侦察意图和突防意图的决策结果损失值一直处于较低水平。目标三的前进方向始终朝着我方飞机，因此其作战意图可认为是攻击。

5.6.3　多目标分配仿真

随着敌我距离的不断逼近，我方需要对敌方目标进行目标分配，以充分调动我方战场资源，提高战场生存率。敌我双方距离接近 50km 时，进行目标分配。我方飞机对目标的作战优势如表 5-9 所示。

表 5-9　我方飞机对目标的作战优势

	C_1	C_2	C_3
T_1	0.4937	0.3761	0.6064
T_2	0.4703	0.5753	0.5321
T_3	0.7618	0.5693	0.4820

采用 5.4 节中分配方法求解得到的目标分配最佳方案如表 5-10 所示。

表 5-10　目标分配最佳方案

我方飞机	敌方飞机
C_1	T_3
C_2	T_2
C_3	T_1

5.6.4　空战机动决策

表 5-11 为表 5-5 对应的具体决策损失值。

表 5-11　动态权重三支决策损失值

决策	状态	损失值
POS	s_y	0.1
	s_n	0.8
BND	s_y	0.3
	s_n	0.5

续表

决策	状态	损失值
NEG	s_y	0.9
	s_n	0.2

所以，根据三支决策理论，当目标威胁概率 $P(s_y|X) \geqslant 0.6$ 时，选择权重策略为 a_P：$\eta_a \geqslant \eta_v \geqslant \eta_h \geqslant \eta_d$，具体设置为 $\eta_a = 0.4$，$\eta_v = 0.25$，$\eta_h = 0.25$，$\eta_d = 0.1$。当目标威胁概率 $0.33 < P(s_y|X) < 0.6$ 时，选择权重策略为 a_B：$\eta_h \geqslant \eta_a \geqslant \eta_d \geqslant \eta_v$，具体设置为 $\eta_h = 0.4$，$\eta_a = 0.4$，$\eta_d = 0.1$，$\eta_v = 0.1$。当目标威胁概率 $P(s_y|X) \leqslant 0.33$ 时，选择权重策略为 a_N：$\eta_d \geqslant \eta_a \geqslant \eta_v \geqslant \eta_h$，具体设置为 $\eta_d = 0.4$，$\eta_a = 0.4$，$\eta_v = 0.1$，$\eta_h = 0.1$。

空战机动决策仿真结果较为复杂，如果将多机空战对抗仿真结果放在同一张仿真图上，则会出现仿真轨迹相互重叠的情况，使读者容易混淆。因此，将目标分配完成之后的一对一分配结果单独罗列出来进行仿真对抗。空战对抗中，我方飞机采用 5.5 节中介绍的机动决策方法来进行机动决策，敌机采用 5.2.2 小节中介绍的典型机动动作库中的机动动作来对飞机进行操控。

图 5-17 为我方飞机 C_1 对目标 T_3 的机动对抗仿真图。

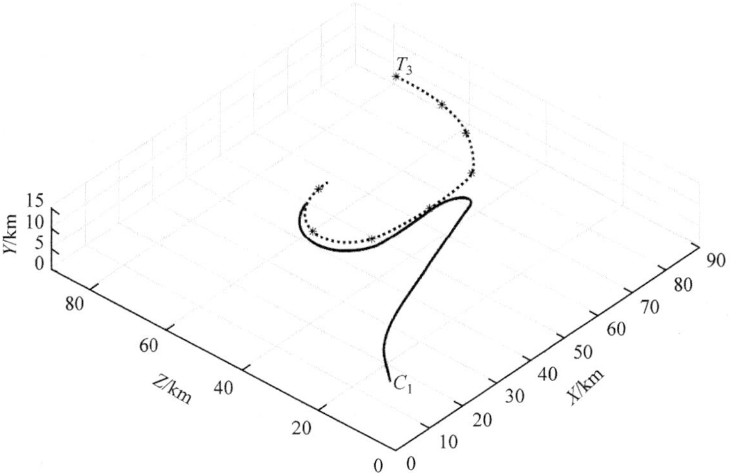

图 5-17　我方飞机 C_1 对目标 T_3 的机动对抗仿真图

图 5-18 为完成目标分配后目标 T_3 对我方飞机 C_1 的威胁程度示意图。

图 5-19 为我方飞机 C_2 对目标 T_2 的机动对抗仿真图。

图 5-20 为完成目标分配后目标 T_2 对我方飞机 C_2 的威胁程度示意图。

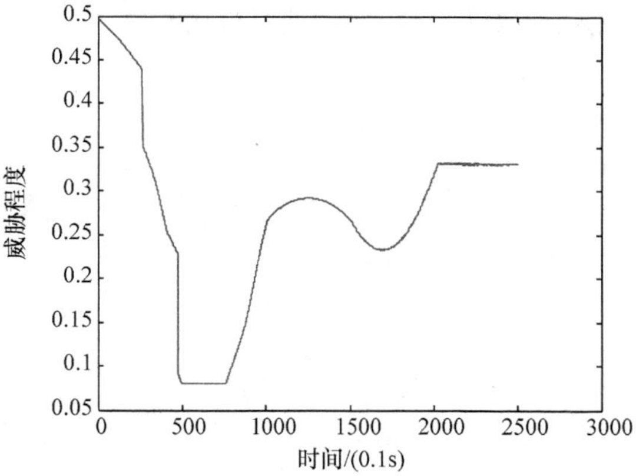

图 5-18　T_3 对 C_1 的威胁程度示意图

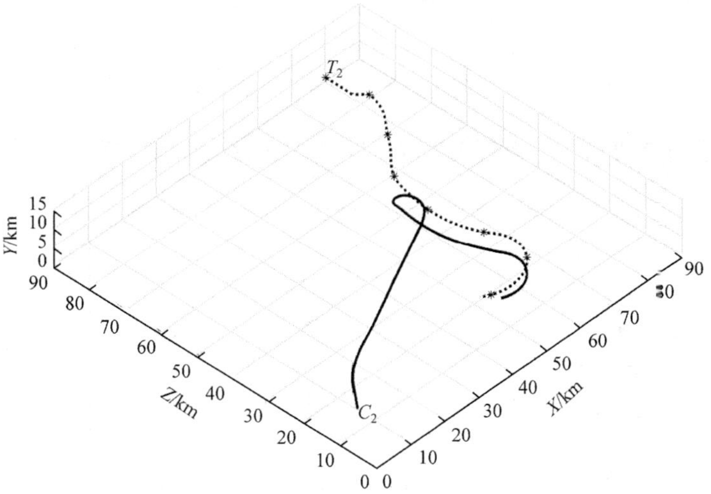

图 5-19　我方飞机 C_2 对目标 T_2 的机动对抗仿真图

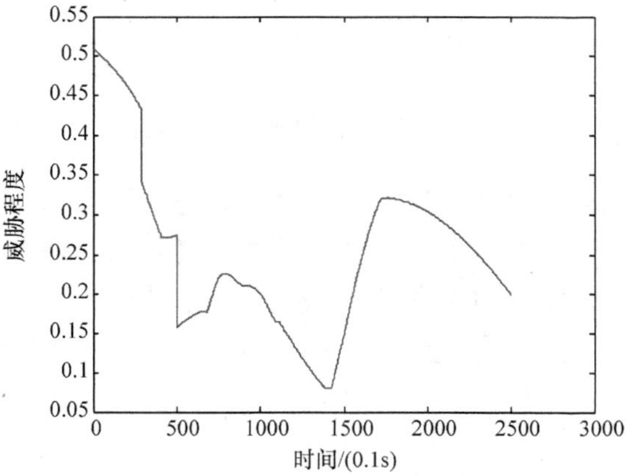

图 5-20　T_2 对 C_2 的威胁程度示意图

图 5-21 为我方飞机 C_3 对目标 T_1 的机动对抗仿真图。

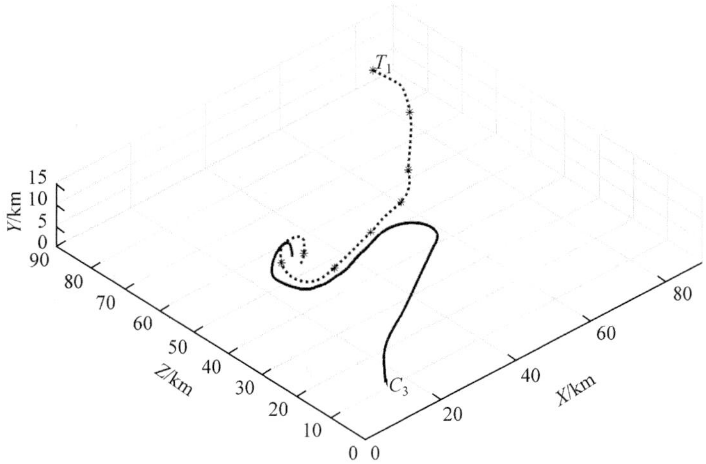

图 5-21　我方飞机 C_3 与对目标 T_1 的机动对抗仿真图

图 5-22 为完成目标分配后目标 T_1 对我方飞机 C_3 的威胁程度示意图。

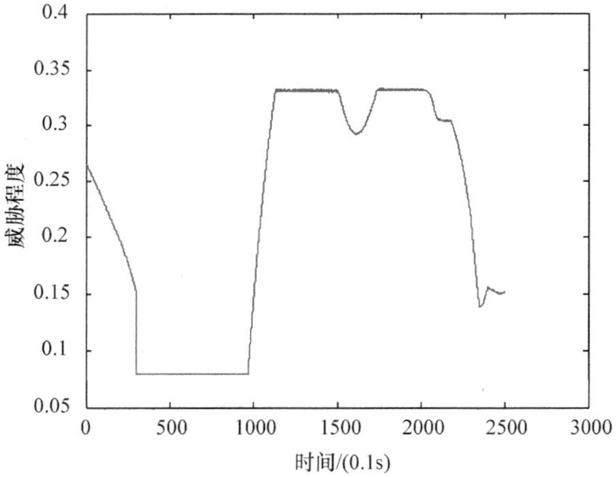

图 5-22　T_1 对 C_3 的威胁程度示意图

从图 5-18、图 5-20 和图 5-22 可知，敌方目标对我方飞机的威胁值大部分时间都处在 0.5 以下，这说明相比于敌机，我机所受到的威胁程度更小，从而具有更高的生存性。在威胁评估仿真图中，威胁值的起伏变化，一方面表明了目标的威胁程度，另一方面也反映了近距空战中双方飞机之间的对抗性以及不确定性和风险性。

5.7 本章小结

本章建立了目标威胁评估模型，并在威胁评估的基础上构建我方作战飞机对目标的作战优势，完成了多目标分配。利用三支决策理论将目标威胁程度分为 3 个域，并为每个域制定不同的权重调整策略。仿真结果表明了提出的机动决策评价函数和权重动态调整策略的可行性和有效性。

第6章　基于三支威胁评估的传感器管理方法

6.1　引　　言

空战决策中一个重点研究方向是雷达的资源分配及任务调度。相控阵雷达[59]具有快速的波束指向，能够实现多目标搜索和跟踪制导等功能。由于相控阵雷达系统的资源是共享的，而不同的情况对资源的需求是不同的，存在干扰的条件下，阻碍对目标的探测和搜索。为更好地发挥相控阵雷达的效果和优势，不论是阵列天线发射的各波束消耗的能量资源，还是不同目标的跟踪或搜索所占用的时间资源，都需要合理分配以提高资源利用率。因此，资源受限情况下的管理分配方法具有重要的研究意义。资源管理分配与相控阵雷达系统控制密不可分，没有合理的统筹分配，就无法从根本上保障其跟踪能力与优势的发挥。由此可见，相控阵雷达资源管理具有很重要的研究价值。

随着战场环境越来越复杂，空中目标数量和类型越来越多，同时雷达任务也越来越多样化，这三者使得雷达在一个时间间隔内需要执行的雷达任务总数逐渐增多，任务的复杂性逐渐增大。传统的调度算法有基于工作方式优先级的调度算法、基于截止期的调度算法和基于工作方式和截止期的调度算法，这些算法存在的局限性是不能充分利用目标的先验性，并根据目标的状态动态改变任务的优先级。针对该问题，已有文献提出将目标威胁度的概念引入雷达任务调度算法中的综合优先级确定过程中，使雷达任务的执行顺序根据目标威胁程度的大小不同而改变。但是目前的文献只对涉及威胁度的任务类型(跟踪任务和失跟任务)增加优先级，而未考虑其他类型的任务，这样无疑会降低其他任务的优先级，影响正常的雷达任务排序。针对上述问题，本章提出一种改进型的雷达任务调度算法。

本章将在第3章威胁评估算法的基础上，提出一种基于三支决策的相控阵雷达驻留时间分配和任务调度方法。首先介绍相控阵雷达的工作原理及其仿真模型，该模型引入威胁评估的三支决策结果，确定雷达对目标的功率权重和雷达任务调度的优先级；然后通过仿真验证算法的性能。

6.2　相控阵雷达基本原理

6.2.1　相控阵雷达的概念

传统雷达工作时，利用整个天线系统或者某部分的机械运动，来使天线波束扫描一定的空域、海域或者地面，以实现对于监控区域的目标搜索。这种工作原理的弊端是机械扫描雷达的波束会随着天线一起转动，所以会耗费很多时间，不能适应高速多目标环境的需要。相控阵雷达的出现为解决该问题提出一种方案。

图 6-1 为一种典型的相控阵雷达组成方框图，图中相控阵天线为无源相控阵收、发共用天线；除相控阵天线及其功率相加与分配网络外，波束控制分系统及主控计算机为相控阵雷达所特有。如果在每一个天线单元通道中接入有源部件，如功率放大器、低噪声放大器、混频器与收/发转换开关等电路，或接入将发射机、接收机、移相器和衰减器等集成在一起的发射/接收组件，则称为有源相控阵天线。采用有源相控阵天线的雷达称为有源相控阵雷达。

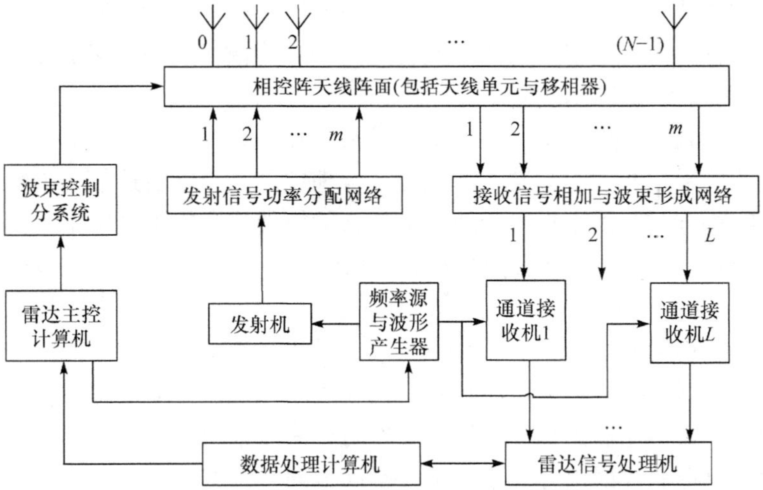

图 6-1　典型的相控阵雷达组成方框图

相控阵雷达，也叫作电子扫描阵列雷达。它利用电磁波相干的规律，通过计算机来控制天线各辐射单元的馈相电位，以改变波束方向。接收天线将接收到的回波信号送入主机的信号处理器，以完成雷达对空域目标的搜索、识别和跟踪功能。这种电扫描技术使得雷达波束指向非常灵活，克服了传统机械雷达波束只能随着天线的旋转来进行扫描的问题。

相控阵雷达支持任务的可分割性，并且天线波束能够进行快速扫描，所以同时具有多目标跟踪、高效率搜索以及多功能用途的工作能力。

相控阵雷达利用波束快速扫描技术，合理安排雷达的搜索区域、搜索与跟踪模式之间的时间交替，以及信号能量的转换与分配，能够解决不同工作状态的要求，包括搜索、目标确认、跟踪起始、目标跟踪、跟踪丢失等多种工作状态；同时，在雷达处于跟踪多个目标的状态下，仍然能维持一定的空域搜索能力；也能够解决对于多批、高速、高机动目标的跟踪问题；还可以根据工作环境的不同自适应的调整雷达工作方式，根据目标雷达反射信号的能力大小、目标远近以及目标威胁程度的不同等改变雷达的工作模式，实现雷达信号能量的重新分配。

6.2.2 相控阵雷达的特点

相控阵雷达能获得广泛应用的主要原因是与其他雷达相比，在工作方式上存在一些突出的特点，而这些工作特点源于相控阵天线的一些技术特点。

(1) 天线波束快速扫描能力。

用电子控制方式实现相控阵天线波束指向快速转换，使天线波束具有快速扫描能力是相控阵天线的一个主要技术特点。克服机械扫描天线波束指向转换的惯性及由此带来的对雷达性能的限制，是最初研制相控阵天线的一个主要原因。这一特点来自阵列天线中各天线单元通道内信号传输相位的快速变化能力。

(2) 天线波束形状的捷变能力。

相控阵天线波束形状的捷变能力是指相控阵天线波束形状的快速变化能力。提高雷达抗干扰能力和抑制杂波能力，合理使用和分配雷达信号能量，合理安排搜索与跟踪方式等需求都对天线波束形状的捷变能力提出了要求。相控阵雷达根据工作环境、电磁环境变化而自适应地改变工作状态也与波束形状的捷变能力有关。

(3) 空间功率合成能力。

采用阵列天线之后，可在每一单元通道或每一个子天线阵设置发射信号功率放大器，依靠移相器的相位变换，使发射天线波束定向发射，即将各单元通道或各子阵通道中的发射信号聚集于某一空间方向。

(4) 天线与雷达平台的共形能力。

阵列天线将整个天线分为许多个天线单元，并将它们分布在雷达安装平台表面，使其与雷达平台的表面共形，用以减少或消除雷达天线对雷达平台空气动力学性能的影响，或为了增大雷达天线面积以获得其他优势。

(5) 多波束形成能力。

相控阵天线的另一技术特点是易于形成多个天线波束。多波束形成可以在天线单元级别上实现，也可在子天线阵级别上实现。依靠转换波束控制信号可以很方便地在一个雷达信号重复周期内形成多个指向不同的发射波束和接收波束，它们在时间上可快速指向不同方向。

(6) 相控阵雷达的分散布置能力。

相控阵天线本质是一个多通道系统，与多输入多输出(MIMO)通信系统类似，相控阵雷达是一个多输入/多输出雷达系统。如果将相控阵天线的概念加以引申，则一部相控阵雷达可看成由多部分散布置的子相控阵雷达构成，而各子相控阵雷达之间的间距可以按短基线或中等基线来设置。

(7) 空域滤波与空间定向能力。

相控阵天线是由多个空间上分散布置的天线单元构成，各单元通道中信号传输时间、相位与幅度在计算机控制下均可快速变化。因此，相控阵天线具有高速变化的空域滤波能力，这是一般机械扫描天线所不具备的。

上述相控阵天线的技术特点使相控阵雷达具有很多采用机械扫描天线的雷达所不具备的工作特点与优点。充分了解和利用相控阵天线的特点，增加和改善雷达的工作方式，改善雷达在目标检测、目标参数测量的性能，可以满足雷达的新需求。以下讨论相控阵雷达的主要工作特点。

(1) 多目标搜索、跟踪与多种雷达功能。

这一工作特点主要基于相控阵天线波束快速扫描的技术特点，是相控阵雷达发展初期最受青睐的特点。利用波束快速扫描能力，合理安排雷达搜索工作方式、跟踪方式之间的时间交替及其信号能量的分配与转换，可以合理解决搜索、目标确认、跟踪起始、目标跟踪、跟踪丢失处理等不同工作状态遇到的特殊问题；可以在维持对多目标跟踪的前提下，继续维持对一定空域的搜索能力；可以有效地解决对多批、高速、高机动目标的跟踪问题；能按照雷达工作环境的变化，自适应调整工作方式，按目标的雷达截面积(radar cross section，RCS)大小、目标所在远近以及目标重要性或目标威胁程度等改变雷达工作方式并进行雷达信号的能量分配。

(2) 高数据率搜索和跟踪工作。

高数据率搜索与跟踪工作是相控阵雷达工作的一大特点，它可以保持对目标的跟踪连续性，提高雷达测量精度，合理调节相控阵雷达信号能量的使用与在搜索与跟踪之间合理分配信号能量，合理调节相控阵的跟踪目标数目。雷达搜索状态和跟踪状态对数据率有不同要求。合理分配搜索状态与跟踪状态之间的数据率指标，合理分配对于不同跟踪状态目标之间的数据率，是合理使用相控阵雷达信号能量的一个关键。

(3) 自适应空间滤波能力与自适应空时处理能力。

相控阵天线波束形状的捷变能力是实现自适应空间滤波及空时自适应处理(space time adaptive processing，STAP)的技术基础。相控阵接收天线的信号处理属于多通道信号处理，合理利用每个单元通道之间接收信号的时间差与相位差信息，是对阵列外多辐射源来波方向定位(亦称多辐射源定向)的基础。对阵外干扰辐射源定向，是通过调整天线阵面口径分布将相控阵接收天线波束凹口移至干扰源方向的一个重要条件。

(4) 大功率孔径乘积的实现与可变功率孔径乘积的利用。

相控阵天线是实现大功率孔径乘积的基础。它对满足探测低 RCS 目标、探测外空目标等提出的增大发射功率与接收天线面积乘积的需求具有重要意义。天线波束相控扫描的实现，使机载扫描雷达可以去除天线的伺服驱动系统，同时也去除了为加大雷达天线口径所受到的许多限制。因此，原则上讲，相控阵天线可以做得足够大。增大天线孔径后，天线可以固定，可以去除天线转动要求的大功率驱动伺服系统。这对远程、超远程雷达与通信系统均有重要意义。

(5) 共形相控阵天线。

相控阵技术的发展，共形相控阵天线在实现全空域覆盖、提高天线面积、提高数据率及工作灵活性等方面的潜力使其应用日渐增多。采用共形相控阵天线的机载预警雷达除可实现全空域覆盖，也易于将雷达、电子战、通信、导航等电子系统进行综合设计，构成综合电子集成系统。采用共形相控阵天线的舰载相控阵雷达有利于降低雷达自身引入的电磁特征，实现隐身舰船的设计。采用与地形共形的相控阵天线有利于雷达的伪装和抗敌方的雷达侦察，获得更大的天线孔径面积和提高雷达的实孔径分辨力。

(6) 脉冲多普勒工作方式和测速工作方式。

这一工作特点主要依靠相控阵天线波束指向快速变化的能力，使其可长时间地指向运动中的目标方向，因此，可增加波束在目标方向的驻留时间。

采用脉冲多普勒技术，使用高脉冲重复频率信号可以在没有速度模糊条件下测量目标径向速度。目标速度测量的精度与分辨力均与对目标总的观测时间有关。时间越长，测速精度和分辨力越高，为相控阵雷达增加对目标的观察时间提供了可能。

(7) 降低雷达天线的有效反射面积。

对一些安装在武器平台上的雷达，如机载火控雷达，降低雷达天线的 RCS 对提高武器平台隐身性能有重要意义，因为降低雷达天线的 RCS 是飞机隐身设计中的重要一环。采用相控阵天线之后，雷达天线固定，当对方雷达发射波束从侧视方向照射到雷达天线时，平板相控阵天线的反射回波主要在镜向方向，而沿照射方向反射回去的回波则要弱很多，因此，可减小平面相控阵天线在原照射方向的 RCS。

6.2.3 相控阵雷达的主要战术指标

与机械雷达相比，相控阵雷达的战术指标体系并没有本质的变化，二者之间的差别主要是因为相控阵天线所具备的特点。比起机械扫描天线，相控阵天线波束扫描更快速、更灵活，而波束形状的变化也更加快速。

相控阵雷达的战术指标由雷达应实现的任务和功能确定。对于一维相扫和二维相扫的三坐标雷达来说，雷达的第一任务是对目标进行检测和对目标进行参数测量。

1. 目标观测空域

1) 作用距离

作用距离包括最小作用距离和最大作用距离。

最小作用距离制约着雷达信号波形的设计，为了发挥相控阵雷达中固态功率放大器件的平均功率的潜力，大多采用较长的脉冲宽度信号，需要在信号波形的设计与所要求的最小作用距离之间进行折中选择。

雷达的最大作用距离则很大程度上影响雷达系统设计的多项技术指标的选择。在系统设计时，先按照雷达的主要功能、目标的 RCS 以及发现概率、平均虚警时间等要求来确定雷达的最大作用距离；然后分别讨论在不同的工作模式下，按照目标 RCS 的不同分别计算雷达的作用距离，并确定相应的信号波形和信号的能量分配。

2) 方位观察空域

方位观察空域是指当天线阵面不动时，天线波束在方位角上的扫描范围。对于机械扫描天线而言，其方位观察范围取决于天线机械扫描的范围，通常是 360°，或者采用扇扫的形式，观测比较小的空域。

相控阵天线能够在二维进行相位扫描，天线波束能够在俯仰和方位上都进行扫描，同时天线在方位上还能够360°做机械转动，如果相控阵天线方位扫描的角度过大，则会导致天线波束的展开，增益下降，从而影响雷达的探测距离。因此一般的相控阵雷达波束扫描的方位不会超过60°，典型的值在±45°，对于精密测量的雷达，天线波束在俯仰和方位扫描的范围，一般在±15°或者30°，个别在±10°的范围，这时候天线需要具备机械的转动能力。对于固定阵面的相控阵雷达，一般采用多个阵面的方法增加观察空域，比如一个阵面±60°，两个阵面可以扩展到180°或者240°，3～4 个阵面实现360°全覆盖。

一般而言，对于远距离的目标，方位观察空域可以比较小，如果雷达观察的目标比较近，则方位观察的空域不宜过小。方位扫描角度越大，阵元单元间距就越小，同样天线口径下，天线单元数目就越多。

3) 仰角观察空域

仰角观察范围是雷达波束在仰角上的覆盖范围或者扫描范围。

对于在方位上做一维扫描的相控阵雷达而言，其仰角的方位取决于雷达天线波束在仰角上的形状。对于大多数的两坐标雷达而言，其仰角波束形状具有余割平方形状，这种形状是为了保证合理的利用雷达功率，使不同高度的目标回波强度基本相同，由基本雷达方程就可以推导出来。对于在仰角上做一维相扫的相控阵雷达而言，仰角的观察范围就是天线波束在仰角上的相位扫描范围。

对于大多数的远程空间目标探测雷达而言，由于要求有很大的仰角观察范围，天线阵面一般都倾斜一定的角度，这个倾斜角度一般小于45°，如果倾角选为45°，雷达在俯仰上能够实现最大60°的扫描，那么俯仰的范围就是 0°～105°，能够实现对过顶目标的探测。

2. 目标参数测量

1) 目标位置参数

相控阵三坐标雷达测得的目标位置参数，主要包括目标相对于雷达的方位角 φ、俯仰角 θ 和距离 R，经过坐标转换，可以得到在坐标系里的三维坐标参数。

2) 目标运动参数

能够描述目标运动特征的参数主要有目标的径向速度、径向加速度、角速度、角加速度，以及与目标方向、速度及其变化情况的参数。这些参数对于稳定跟踪目标，以及确定目标运动轨迹具有很重要的作用。战术三坐标雷达所追踪的目标具有很强的机动性，轨迹变化范围很大，所以测量目标的速度和加速度具有很重要的意义。目前大多数战术三坐标雷达所采用的测量运动参数的方法是对目标位置参数进行多次测量，并对其进行数据处理得到目标的运动参数。相控阵雷达在测量目标运动参数和维持目标稳定性跟踪时，能够利用相控阵天线波束扫描的灵活性，提高对目标进行采样的频率，即提高数据率。

3) 其他目标特征参数

其他目标特征参数主要指能够反映目标构造、外形、姿态、状态等其他特性的特征参数。这些参数大多是从目标回波信号的幅度、相位、频谱和极化特性及它们随时间的变化率中提取的。这一类参数主要用于对空间目标进行分类、识别，或对目标事件进行评估。

6.3 相控阵雷达仿真模型

根据相控阵雷达的原理，设计一个包含目标回波功率模型、雷达探测距离模型、信噪比计算模型、雷达视距计算模型、目标判断模块和测量误差模型在内的相控阵雷达仿真模型，并设计一套相控阵雷达系统功能仿真流程，仿真流程图如图 6-2 所示。

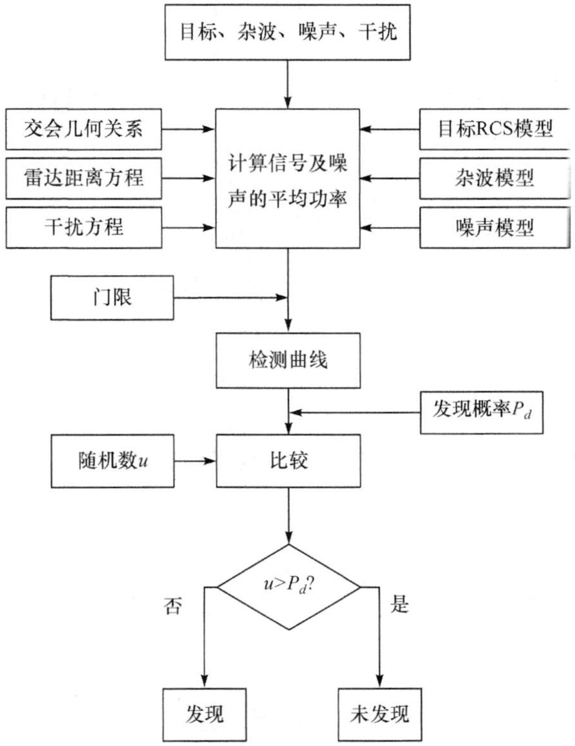

图 6-2　雷达系统仿真流程图

机载相控阵雷达的仿真系统需要很多功能模块，下面对这些模块进行建模分析，为模拟雷达在复杂电磁环境下对目标进行探测、跟踪过程奠定理论基础。

6.3.1　目标回波功率模型

回波功率是非常重要的一个概念。假设雷达发射机的功率为 P_t，功率增益为 G_t，距离雷达半径为 R 的球体表面积为 $4\pi R^2$，发射功率在球体上均匀分布，则球面上的功率密度为

$$I_s = \frac{P_t}{4\pi R^2} G_t \tag{6-1}$$

若波束的轴上有一个半径为 a、雷达散射横截面积为 σ 的目标，距离为 R，则该目标的投影面积能够拦截的雷达功率大小为

$$P_i = I_s \sigma = \frac{P_t G_t}{4\pi R^2} \sigma \tag{6-2}$$

目标接收到电磁波的照射后会根据散射特性产生散射回波，假设目标辐射出来的功率是无损耗的，那么此时雷达所处位置的目标回波功率密度为

$$I_r = \frac{P_i}{4\pi R^2} = \frac{P_t G_t \sigma}{(4\pi R^2)^2} \tag{6-3}$$

雷达接收天线可表征为有效孔径面积 A_r，则接收目标反射信号(目标回波信号)的功率为

$$P_S = I_r A_r = \frac{P_t G_t \sigma}{(4\pi R^2)^2} A_r \tag{6-4}$$

一般通过接收天线的增益 G_r 来描述接收天线，满足：

$$A_r = \frac{G_r \lambda^2}{4\pi} \tag{6-5}$$

其中，λ为载波波长。

将式(6-5)代入式(6-4)，则接收到的目标回波功率为

$$P_S = \frac{P_t G_t G_r \lambda^2 \sigma}{(4\pi)^3 R^4} \tag{6-6}$$

考虑到系统损耗的影响，假设 L 是系统综合损耗系数，则空间中目标回波功率为

$$P_S = \frac{P_t G_t G_r \lambda^2 \sigma}{(4\pi)^3 R^4 L} \tag{6-7}$$

在相控阵雷达中目标回波功率是以单个相控阵单元格进行计算的，若相控阵雷达发射功率的分配系数为 T_e，那么目标单元的回波信号功率为(假设雷达发射和接收共用一个天线，$G_r = G_t$)

$$P_S = \frac{P_t T_e G_t^2 \lambda^2 \sigma}{(4\pi)^3 R^4 L} \tag{6-8}$$

6.3.2　雷达探测距离模型

根据目标回波功率计算公式，得到目标回波信号能量 S 的计算公式：

$$S = \frac{P_t G_t G_r \lambda^2 \sigma t_{\text{ot}}}{(4\pi)^3 R^4 L} \tag{6-9}$$

其中，t_{ot} 为目标照射时间。

因此，目标回波能量 S 的大小取决于：

(1) 雷达的发射功率、天线增益；

(2) 目标照射时间；

(3) 目标距离和目标雷达散射截面积，后者与目标尺寸、反射率以及方向性相关。

当相控阵雷达对空域进行搜索时，若目标反射的回波能量值超越了一定的门限值，则证明雷达检测到了目标。门限的设置是为了减少噪声的影响，门限设置得越高，噪声超过门限的概率越低。在相控阵雷达模型设计中，应选择合适的门限值，保证恒定、最佳的虚警率。假设信号超过检测门限必须具有的最小能量为 $S_{\min}$，则最大探测距离方程为

$$R_{\max}=\sqrt[4]{\frac{P_t G_t G_r \lambda^2 \sigma t_{\mathrm{ot}}}{(4\pi)^3 S_{\min} L}} \tag{6-10}$$

其中，$S_{\min}$ 为信号最小能量，$S_{\min}=kTBN_F\mathrm{SNR}_{o\min}$；$k$ 为玻尔兹曼常数，$k=1.38\times 10^{-23}\,\mathrm{J/K}$；$T$ 为温度，$T=290K$；B 为接收机带宽；N_F 为雷达接收机噪声系数；$\mathrm{SNR}_{o\min}$ 为最小输出信噪比。

由距离方程可知：

(1) 探测距离随着发射功率、有效散射面积(雷达截面积)和积累时间的 1/4 次幂增加；

(2) 探测距离随天线波长的平方根增加；

(3) 探测距离随雷达接收到的总噪声的增大而减小，同样条件下，当敌方增加了有源压制干扰，那么雷达的探测距离就会随之减小。

6.3.3　信噪比计算模型

信噪比是指雷达接收到的目标回波功率与噪声功率之间的比值。噪声主要包括雷达内部噪声、背景杂波和有源干扰等。雷达内部噪声和背景杂波能量一般比较稳定，在构建模型时采用常量来表示。

考虑当前空战中的干扰情况为压制干扰，则其计算方式如下：

$$P_j=\frac{P_{Jt} G_j G_I \lambda_j^2 B_r}{(4\pi)^2 R_j^2 L_j B_j} \tag{6-11}$$

其中，P_{Jt} 为干扰机的功率；G_j 为干扰机天线在雷达方向上的增益；λ_j 为干扰机工作波长；G_I 为雷达天线旁瓣上的增益；B_r 为雷达接收机瞬时宽带；R_j 为干扰机和雷达的距离；L_j为干扰机的综合损耗；B_j为干扰信号的带宽。

所以，信噪比为

$$S/N=P_S/(P_{in}+P_j) \tag{6-12}$$

其中，P_S 为目标回波功率；P_{in} 为接收机噪声瞬时功率；P_j 为干扰功率。

6.3.4 雷达视距计算模型

由于地球是圆形，而电磁波是以直线方式传播的，所以目标与雷达之间的直视距离受到限制，只能在其视距范围内发现目标，如图 6-3 所示，雷达到目标的直视距离为

$$R_s = \overline{AB} + \overline{BC} \tag{6-13}$$

经简化后公式如下：

$$R_s = \sqrt{2R}(\sqrt{H_1} + \sqrt{H_2}) \tag{6-14}$$

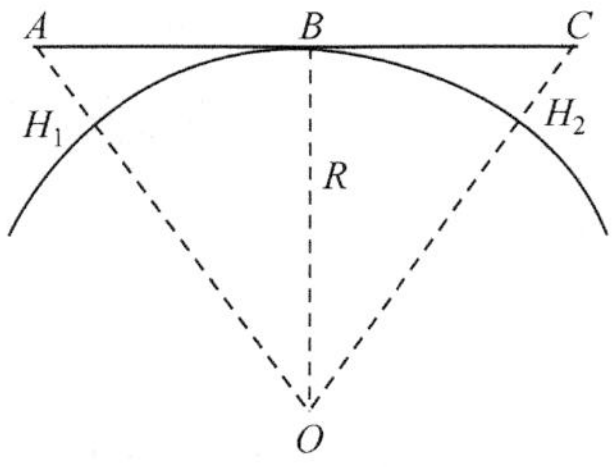

图 6-3　雷达直视距离计算示意图

考虑大气层所引起的电波折射，使直视距离有延伸作用(图6-4)。处理折射对直视距离影响的常用方法是用等效地球曲率半径 ka 来代替实际地球曲率半径 $a = 6370\text{km}$，系数 k 和大气折射系数 n 随高度的变化率 $\mathrm{d}n/\mathrm{d}h$ 有关，即

$$k = \frac{1}{1 + a\dfrac{\mathrm{d}n}{\mathrm{d}h}} \tag{6-15}$$

通常 $\mathrm{d}n/\mathrm{d}h$ 为负值。在海面温度为15℃、温度随高度变化梯度为0.0065 ℃/m 和大气折射率梯度为 $0.039\times10^{-6}\text{m}^{-1}$ 时，等效地球半径 $R=\dfrac{4}{3}a = 8490\text{km}$，由图6-3可计算出雷达直视距离：

$$\begin{aligned} R_s &= \overline{AB} + \overline{BC} \\ &= \sqrt{(R+H_1)^2 - R^2} + \sqrt{(R+H_2)^2 - R^2} \\ &\approx \sqrt{2R}\left(\sqrt{H_1} + \sqrt{H_2}\right) \\ &= 4.12\left(\sqrt{H_1} + \sqrt{H_2}\right) \end{aligned} \tag{6-16}$$

其中，天线高度 H_1 或目标高度 H_2 单位是 m， R_s 单位是 km。

如果雷达最大作用距离 $R_{\max} > R_s$，则说明天线高度 H_1 或目标高度 H_2 限制了检测目标的距离；相反，如果 $R_{\max} < R_s$，则说明虽然目标处于视线以内，但由于

雷达性能达不到雷达直视距离而发现不了目标。

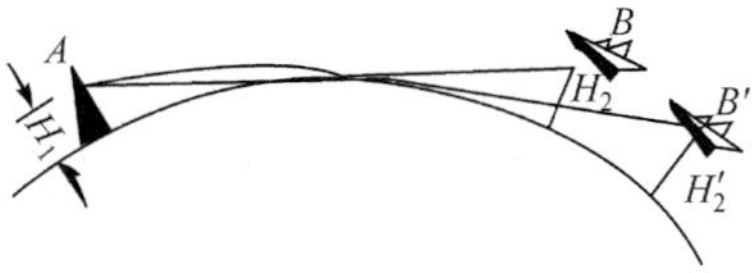

图 6-4　电波折射对直视距离的影响

6.3.5　目标判断模型

对目标进行判断，如果其在雷达的视距范围内，那么理论上目标满足了被雷达发现的可能。但是实际情况中，雷达不可能每次都准确发现目标，其检测到目标是一个概率问题，所以采用蒙特卡洛法判断雷达是否检测到目标。在雷达探测目标的过程中，如果实际情况存在目标，而雷达以一定的概率检测到了目标，则称这个概率叫作发现概率，用 P_d 表示。而若实际上目标不存在，雷达确认为发现了目标，则将这种情况称作虚警，将其出现的概率称作虚警概率，用 P_{fa} 表示。

雷达发现目标的发现概率可以根据信噪比来计算，公式为

$$P_d = \mathrm{e}^{-a/\mathrm{SNR}} \tag{6-17}$$

其中，a 取 4.75，SNR 为信噪比。

采用蒙特卡洛法生成一个随机数 P_0，若满足条件 $P_0 < P_d$，则认为发现了目标；否则就认为没有发现目标。为了减小虚警率，在检测到目标一次后，应采用多次检测的方法来验证目标是否真的存在，目标的验证方法是：对其进行 n 次扫描，在扫描中，如果有不低于 m 次发现了目标，那么就认为确实检测到了目标。一般情况下，m 与 n 之间满足的条件为 $m = 1.5\sqrt{n}$。本节选取 $n = 4$，此时，$m = 3$，能够有效发现目标的检测概率大于 75%。

6.3.6　测量误差模型

由于自然界的干扰、设备精度、雷达测量信号的方法等原因，雷达得到的量测信号并非真实值，而是带有一定误差的随机变量。在第 3 章的威胁评估中也提到由于测量误差等因素的存在，目标信息的测量信号使用区间值表示，而这些区间值是在真实值的基础上叠加误差信号得到的，这些误差是由高斯白噪声造成的。

在只考虑高斯白噪声的前提下，雷达测距误差的标准差为

$$\sigma_{\Delta R} = \frac{c}{2} \cdot \frac{\tau}{2\sqrt{\mathrm{SNR}}} \tag{6-18}$$

其中，c 为光速，τ 为脉冲宽度。

如果采用距离微分法来测速，则雷达所能达到的测速误差的标准差 $\sigma_{\Delta v}$ 取决于目标测距误差的标准差 $\sigma_{\Delta R}$：

$$\sigma_{\Delta v}=\frac{\sqrt{2}\sigma_{\Delta R}}{\Delta T}=\frac{c\tau}{2\sqrt{2\mathrm{SNR}}}\cdot\frac{1}{\Delta T} \tag{6-19}$$

其中，ΔT 为目标运动的时间。

对于典型的振幅和差单脉冲测角，在只考虑接收机噪声的影响时，测角误差标准差为

$$\sigma_{\Delta\theta}=\frac{\theta_{0.5}}{1.89\sqrt{2\mathrm{SNR}}} \tag{6-20}$$

其中，$\theta_{0.5}$ 为天线波束半功率宽度。

由于所有的测量误差服从高斯分布，现产生服从 $N(0,\sigma)$ 的随机数 s，雷达对目标状态信息的测量区间数表示为 $\left[x-|s|,x+|s|\right]$，其中 σ 为各误差高斯分布的标准差，x 为真实值。

6.4　相控阵雷达驻留时间分配算法

本节就雷达驻留时间分配的具体算法进行介绍。假设一个相控阵雷达，扫描视线范围为 $360°\times45°$，由 4 个互成 90°的天线阵列组成，每个天线阵列负责扫描 90°的空域。相控阵雷达不采用机械扫描，而是采用电子方式控制天线单元的相位来实现天线波束在空间的扫描。这种电子扫描天线使相控阵雷达天线波束具有捷变性，并实现扫描过程中雷达信号的跳变。

为方便进行雷达驻留时间的分配，现将雷达扫描区分成 $N_{\text{lines}}\times N_{\text{cols}}$ 个扫描单元格，如图 6-5 所示。

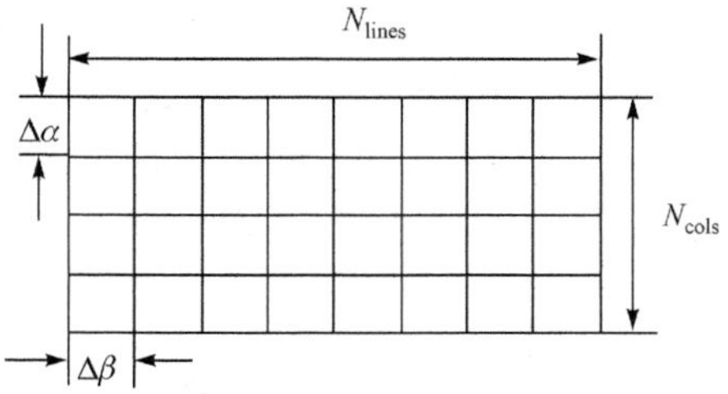

图 6-5　相控阵雷达扫描网格示意图

N_{lines}、N_{cols} 计算公式如下：

$$N_{\text{lines}} \approx \left\lceil \frac{\Delta\alpha_{\text{sect}}}{K_\alpha \cdot \alpha_{0.5}} \right\rceil,\quad N_{\text{cols}} \approx \left\lceil \frac{\Delta\beta_{\text{sect}}}{K_\beta \cdot \beta_{0.5}} \right\rceil \tag{6-21}$$

其中，$\Delta\alpha_{\text{sect}},\Delta\beta_{\text{sect}}$ 分别为相控阵雷达扫描扇形在方位和俯仰上的角度，模型中取 $\Delta\alpha_{\text{sect}}=2\pi$，$\Delta\beta_{\text{sect}}=\pi/4$，表示相控阵雷达搜索区域为方位全向，俯仰上下 $\pi/4$；K_α, K_β 表示分割系数；$\alpha_{0.5},\beta_{0.5}$ 表示相控雷达发射信号的主瓣在方位和俯仰上的 3dB 波束宽度。

由式(6-21)可知，对相控阵扫描区分割后的每个扫描区域单元的尺寸为

$$\Delta\alpha_{\text{cell}} = \Delta\alpha_{\text{sect}} / N_{\text{lines}} = K_\alpha \cdot \alpha_{0.5} \tag{6-22}$$

$$\Delta\beta_{\text{cell}} = \Delta\beta_{\text{sect}} / N_{\text{lines}} = K_\beta \cdot \beta_{0.5} \tag{6-23}$$

相控阵扫描区所分割成的多个天线单元，每个天线单元发送唯一确定主瓣方向的信号，即相控阵雷达发射的信号是在众多的天线单元的中心主轴进行有规则的不断跳变的。

相控阵雷达在整个扫描周期 T_{Frame} 内，对不同方向发送信号是通过不同的天线单元发送信号实现的。如果雷达在一个扫描周期 T_{Frame} 内，均匀地分配到所有天线单元，那么可能就会对少量跟踪目标的天线单元照射时间过长，造成资源的浪费；对具有大量跟踪目标的天线单元照射时间不足，没有达到最佳的结果。

因此，需要构造一个新的算法模型，实现对相控阵空间功率分配及驻留时间的调度。

雷达功率在不同相控阵单元分配的大小，取决于目标单元格当前的目标轨迹的数量以及目标轨迹的状态。因此引入相控阵功率分配系数 T_{e}，而 T_{e} 应该遵循的原则包括：

(1) 包含目标轨迹的单元格分配系数要大于没有目标轨迹的单元格；

(2) 威胁程度越大，跟踪精度要求越高，功率分配系数越大。

根据参数 T_{e} 选取原则，选取目标单元格的驻留时间 T_{ef} 与体现原则(2)的变量 C 的比值来表示相控阵功率分配系数。计算方法如下：

$$T_{\text{e}} = \frac{T_{\text{ef}}}{C} \tag{6-24}$$

其中，C 为体现目标单元格功率分配与轨迹状态相关的因子。

下面针对参数 T_{ef} 和 C 的含义和计算过程做出详细的解释。

6.4.1　单元格驻留时间 T_{ef} 的求解

驻留时间是体现相控阵雷达根据所有单元内部目标轨迹的类型、状态，对目标单元分配时间的产物。

引入参数单元格时间权重值T_{w}，计算过程如下：

$$T_{\mathrm{w}}=\begin{cases}0, & \text{无目标轨迹且不处于干扰区内}\\ 1, & \text{无目标轨迹但处于干扰区内}\\ T_{\mathrm{m}}, & \text{单元格内有目标}\end{cases} \tag{6-25}$$

其中，T_{m}为单元包含目标轨迹的时间权重值。该条件下，相控阵单元格时间权重值是所有轨迹计算后得到时间权重值的最大值。

计算单个轨迹的时间权重值。目标轨迹信息类型包括目标轨迹位于干扰区、只具有目标轨迹角度信息和包含目标详细信息。目标轨迹状态类型包括未知(unknown)、未探测到(undetected)、已探测到(detected)和跟踪(tracking)。目标轨迹对应的时间权重值计算过程如下所示。

(1) 若目标轨迹位于干扰区，则有：

$$T_{\mathrm{m}}=\begin{cases}3, & \dfrac{S_{\mathrm{p}}}{R_{\mathrm{n}}}>10\\ \dfrac{S_{\mathrm{p}}}{R_{\mathrm{n}}}, & \text{其他}\end{cases} \tag{6-26}$$

其中，S_{p}为相控阵单元接收到的干扰功率，R_{n}为噪声功率。

(2) 若目标只具有角度信息，则有：

$$T_{\mathrm{m}}=2 \tag{6-27}$$

(3) 若目标具有详细信息，则分为如下几种情况。

当轨迹状态为已探测到时，则有：

$$T_{\mathrm{m}}=3 \tag{6-28}$$

当轨迹状态为跟踪时，根据目标的威胁程度分为以下 3 种情况。

① 目标的威胁程度处于正域(有威胁)，则有：

$$T_{\mathrm{m}}=30 \tag{6-29}$$

② 目标的威胁程度处于边界域(潜在威胁)，则有：

$$T_{\mathrm{m}}=20 \tag{6-30}$$

③ 目标的威胁程度处于负域(无威胁)，则有：

$$T_{\mathrm{m}}=10 \tag{6-31}$$

最后根据时间权重值T_{w}计算单元格驻留时间T_{ef}，计算公式如下：

$$T_{\text{ef}} = C_{\text{InT}} \cdot \left(\frac{T_{\text{Frame}} \cdot \left(\frac{T_{\text{w}}}{S_{\text{w}}} \right)}{C_{\text{InT}}} \right)^{0.7} \tag{6-32}$$

其中，T_{Frame} 表示相控阵雷达工作周期；T_{w} 表示目标单元格时间权重值；S_{w} 表示相控阵所有单元时间权重值之和；C_{InT} 表示连续集成时间。

参数 T_{w} 的计算过程，充分体现了时间权重值与目标轨迹信息和状态类型以及威胁程度密切相关，威胁程度越大，其时间权重值越大，满足规则(2)的要求。

6.4.2　参数 C 的确定

参数 C 的计算公式如下：

$$C = \begin{cases} \left(T_{\text{Tracking1}}\right)^{0.7}, & \text{目标有威胁} \\ \left(T_{\text{Tracking2}}\right)^{0.7}, & \text{目标潜在威胁} \\ \left(T_{\text{Tracking3}}\right)^{0.7}, & \text{目标无威胁} \\ \left(T_{\text{Frame}}\right)^{0.7}, & \text{其他} \end{cases} \tag{6-33}$$

其中，T_{Tracking} 为相控阵雷达对目标轨迹跟踪时间间隔，其取值根据目标威胁程度分为 3 种情况。根据 6.4.1 节中目标威胁程度的 3 种情况，T_{Tracking} 在三个阶段的取值分别为 $T_{\text{Tracking1}}$、$T_{\text{Tracking2}}$ 和 $T_{\text{Tracking3}}$，且满足 $T_{\text{Tracking1}} > T_{\text{Tracking2}} > T_{\text{Tracking3}}$，即目标威胁越大，跟踪周期越短，跟踪频率越高。

6.4.3　算法实验仿真

本小节建立一个相控阵雷达模型进行雷达资源分配的仿真实验。仿真实验中对比三支决策和传统二支决策下雷达的工作效能，并探讨阈值在三支决策中的影响，选取在干扰下目标的累积探测概率和雷达资源利用情况的差异，证明进行资源管理分配的必要性和该分配方法的可行性。

现假设空中有 10 个进行机动的目标，每个目标都为避免相控阵雷达的发现进行自卫干扰。建立以相控阵雷达为原点的北天东三个方向的直角坐标系，120s 为仿真时间。目标情况如表 6-1 所示。

表 6-1　空中目标的运功和干扰情况

目标	初始位置/km	初始速度/(m/s)	机动方式	机动方向(相对雷达)	自卫干扰功率/W
目标 1	(100, 4, 80)	(−250, 0, −100)	变加速	接近	300
目标 2	(55, 5.5, 105)	(−250, 0, −250)	变加速	接近	100
目标 3	(95, 2.5, 50)	(0, 0, 200)	变加速	远离	200
目标 4	(70, 2.5, −90)	(−150, 0, −200)	变加速	远离	50
目标 5	(−300, 3.5, 120)	(200, 0, −120)	变加速	接近	50
目标 6	(−85, 2.75, 218)	(100, 0, −250)	变加速	接近	100
目标 7	(−70, 3.25, −250)	(280, 0, 200)	匀速	接近	10
目标 8	(110, 3, 100)	(−250, 0, −200)	匀速	接近	200
目标 9	(130, 5.5, 95)	(150, 0, 250)	变加速	远离	150
目标 10	(200, 4.5, −100)	(200, 0, 200)	变加速	远离	120

假设雷达发射峰值功率为 16MW，雷达中心频率为 3GHz，天线增益为 35dB，信号带宽为 2MHz，压缩脉冲带宽为 1μs，雷达接收天线损耗系数为 4。雷达内部总噪声功率为10^{-18} W。驻留时间$0.01 \leqslant T_{ef} \leqslant 0.2$，调节增量为 0.01s。

三支决策中阈值的引入也是区别于二支决策的重要因素。为证明阈值选取对决策的影响，现仿真对比以下 3 种决策方式下相控阵雷达的工作效能。

(1) 采用第 3 章中的三支决策阈值模型，实现阈值自适应改变，在实时阈值下将目标分成 3 个域：正域(有威胁)要求跟踪角度误差标准差为 0.1；边界域误差标准差为 0.2；负域(无威胁)误差标准差为 0.3。

(2) 三支决策在固定阈值(0.6,0.4)下对目标进行分类，要求跟踪角度误差标准差同决策方式(1)。

(3) 传统二支决策，二支决策根据阈值 0.5 简单地将目标分成高威胁和低威胁，跟踪角度误差的标准差分别要求为 0.1 和 0.3。

仿真通过比较以上 3 种决策方式对目标探测情况和雷达时间资源利用情况来证明三支决策的有效性和阈值在决策中的作用。

对于目标的探测情况，因探测仿真次数较多，选择目标的累积发现概率达到 1 时所用的时间作为评判标准，所用时间越少，探测效果越好。结果如图 6-6 所示。

对于雷达资源时间利用情况，现以目标总驻留时间为评价标准。3 种方式下结果如图 6-7 所示。

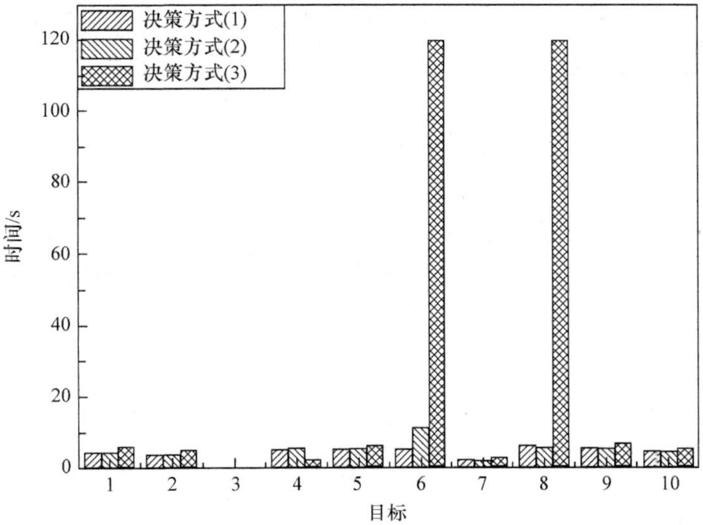

图 6-6　3 种决策方式下目标累积发现概率为 1 时所用时间

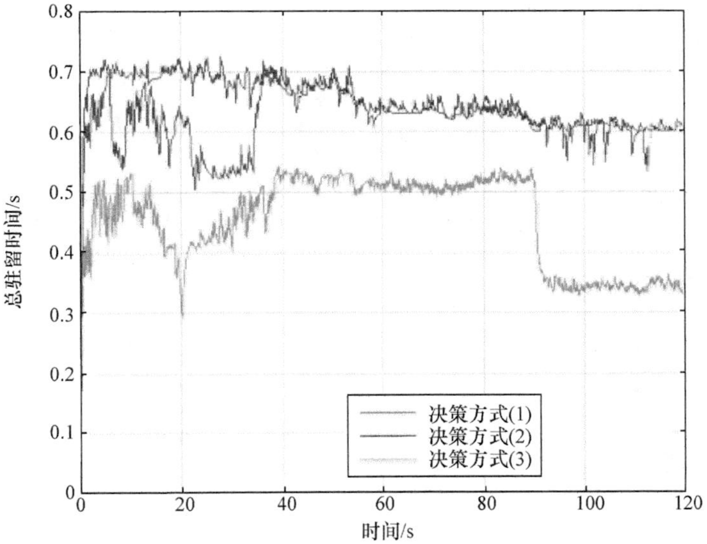

图 6-7　3 种决策方式下雷达时间利用情况(见彩图)

如图 6-6 所示，决策方式(3)下除了目标 4 之外，其他目标的累积检测概率为 1 所需的时间相较于其他两种决策方式更长。因此，在二支决策下，目标的检测和跟踪效果较差。图 6-7 显示，二支决策下的相控阵雷达驻留时间远小于三支决策下的驻留时间。综上所述，结果表明，二支决策下的雷达驻留时间调度方法可能存在以下问题：无法为目标分配足够的资源，无法有效利用雷达时间资源。因此，在二支决策下不利于相控阵雷达对目标进行跟踪和拦截。

在决策方式(1)和(2)中，三支决策下的目标威胁评估结果如图 6-8 和图 6-9 所示，其中威胁度为 0 表示此时失去了目标。

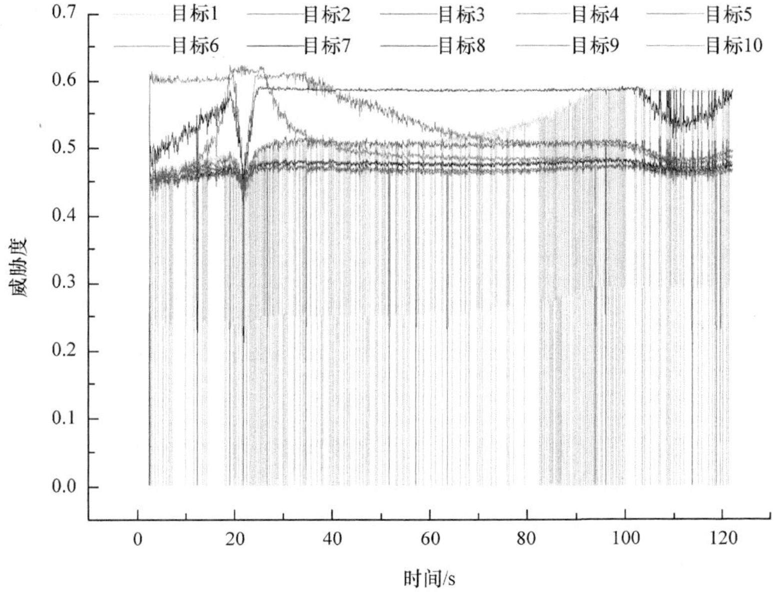

图 6-8　决策方式(1)下的目标威胁程度(见彩图)

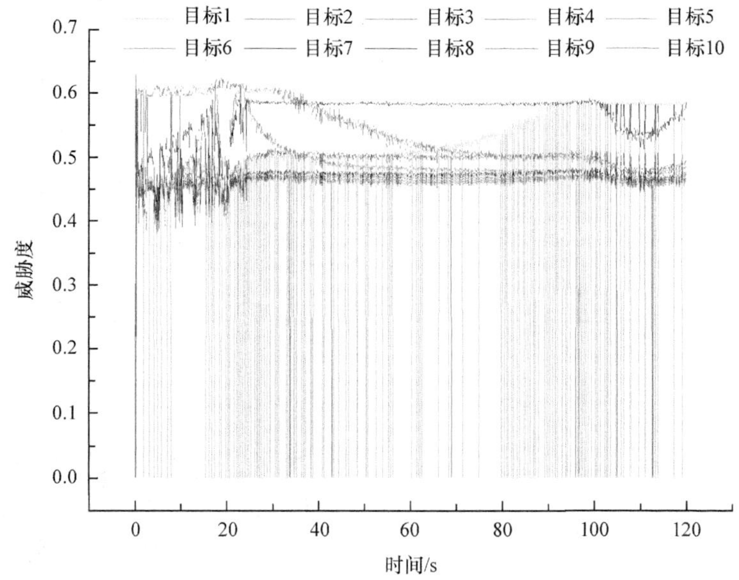

图 6-9　决策方式(2)下的目标威胁程度(见彩图)

比较决策方式(1)和决策方式(2)，以探索阈值对三支决策结果的影响。如

图 6-7 所示，在自适应阈值变化的三支决策下，雷达驻留时间的变化是相对稳定的。但是，在固定阈值的三支决策下，雷达的驻留时间曲线在 0～40s 内有些震荡，之后雷达的驻留时间曲线趋于平滑。这是因为在两种决策方式下目标的分类结果是不同的：在决策方式(1)中，阈值的自适应优化可以实时找到最佳阈值以对目标进行分类并合理分配每个目标的驻留时间，以便雷达可以稳定地跟踪目标。在决策方式(2)中，如图 6-9 所示，根据阈值(0.6, 0.4)将目标分为 3 个区域，并且目标的检测和跟踪在 0～40s 内不稳定。经过 40s 的模拟，由于威胁程度的变化，所有目标都位于边界区域，目标跟踪更加稳定，因此停留时间曲线相对平滑。以上分析表明，阈值的选择会影响目标的分类和雷达的驻留时间分配，从而会影响目标的跟踪。

此外，通过比较图 6-7 中决策方式(1)和(2)下的驻留时间曲线，可以明显看出，在 0～40s 内，决策方式(2)中使用的驻留时间明显小于决策方式(1)中使用的驻留时间。掌握现代战争主动权的关键是掌握知情权，因此在早期阶段迅速获取有效信息至关重要。如图 6-6 所示，在决策方式(1)和(2)中，除了目标 6 在决策方式(2)中需要更多时间，其他目标的累积，检测发现概率为 1 所需的时间没有显著差异。图 6-8 显示在 0～20s 内目标 6 的威胁最大。可以看出，决策方式(1)可以充分利用时间资源，使雷达能够在早期阶段快速检测目标，特别是高威胁目标，并促进战场上主动性的快速获取目标信息，因此进行了自适应优化阈值在检测和跟踪高威胁目标方面具有一定优势。

综上所述，本节提出的算法可以充分利用雷达时间资源，使相控阵雷达对目标的检测和跟踪更加稳定和有效。因此，3 种模式下的仿真结果共同说明所提出的相控阵雷达停留时间调度模型的有效性。

6.5　相控阵雷达任务调度算法

自适应调度策略是一种调度性能较高，同时复杂度也较高的调度策略。它能够在满足不同工作方式优先级的条件下，实时平衡不同雷达任务请求所要求的时间、能量和计算资源，在一个调度间隔内合理安排任务调度序列。自适应调度算法还可以根据雷达时间等约束条件和工作方式优先级来决定接受或者拒绝雷达的任务，所以它是最灵活有效的设计方法。本节选取自适应调度算法作为调度策略。在调度中加入时间窗，同时考虑将目标威胁三支决策的结果引入目标任务优先级设计中，不仅能够提高对高威胁目标的任务执行度，还能有针对性地提高对于有威胁区域、无威胁区域和潜在威胁区域的任务执行度。

6.5.1 综合优先级规划

在介绍综合优先级规划前，首先进行雷达任务建模。将雷达的工作方式分为四种：搜索、确认、跟踪和失跟处理。一个雷达任务模型可以简单地描述为以下形式：

$$T_j = \{P_j, t_{aj}, t_{dwj}, t_{wj}, t_{dj}, \Delta t_j, \mathrm{Num}_j, I_{nj}\} \tag{6-34}$$

其中，P_j 为任务工作方式；t_{aj} 为任务请求执行时刻；t_{dwj} 为任务驻留时间；t_{wj} 为时间窗；t_{dj} 为任务截止期；Δt_j 为任务的采样间隔；Num_j 为任务的执行次数；I_{nj} 为目标信息。

那么各个任务的请求执行时间点为

$$t_{aj} = t_{e(j-1)} + \Delta t_j \tag{6-35}$$

其中，$t_{e(j-1)}$ 为上一次任务成功执行的时刻。

任务的截止期可表示为

$$t_{dj} = t_{aj} + t_{wj} \tag{6-36}$$

然后依次介绍 3 种综合优先级规划算法，分别是工作方式优先级加任务截止期(high priority and earliest deadline first，HIPREDF)的调度算法，威胁度加工作方式优先级和任务截止期(threat, high priority and earliest deadline first，THIPREDF)的调度算法，以及本章提出的威胁评估三支决策结果加工作方式优先级和任务截止期(threat with three way decision, high priority and earliest deadline first，TWD-HIPREDF)的调度算法。

HIPREDF 调度算法同时考虑截止时间和工作方式，并根据这两点确定其综合优先级；THIPREDF 算法充分利用目标信息，将目标威胁度与雷达任务的优先级相结合，确定任务综合优先级；本章提出的 TWD-HIPREDF 算法在 THIPREDF 算法的基础上引入目标威胁评估的三支决策结果，使算法有选择的调整涉及威胁度的任务的优先级。

综合优先级分为两级，一级综合优先级用来描述同一类型任务中不同威胁度的目标任务的优先级。第 k 个任务的一级优先级 p_{k1} 由其工作方式优先级 p_{rk} 和目标威胁度 p_{tk} 来决定，威胁度则根据前面的结果来确定。

$$p_{k1} = p_{rk} + \lambda_{tk} p_{tk} \tag{6-37}$$

其中，λ_{tk} 为不同威胁区域的权重。

对于 HIPREDF 来说，不考虑目标威胁度对综合优先级的影响，所以，在 HIPREDF 算法中，恒有 $\lambda_{tk} = 0$。

对于 THIPREDF 算法来说，认为搜索任务和确认任务一般没有先验知识，不需要牵涉到目标威胁度的概念，二者的一级优先级仅由工作方式优先级来确定。所以，对于搜索任务和确认任务来说，$\lambda_{tk}=0$。而对于涉及目标威胁度概念的失跟任务和跟踪任务，恒有$\lambda_{tk}=1$。此时，综合优先级的计算方法只是单纯的引入目标威胁度，并未考虑不同威胁度等级的目标具有不同的重要性。对于某些目标威胁程度很低的目标，其价值可能并不高于搜索或者确认任务，但是考虑到其目标威胁度后，其综合优先级就会高于其他的搜索或者确认任务，因此就会执行实际价值很低的跟踪任务，而非执行价值更高的搜索或者确认任务，导致时间资源的浪费。针对此问题，本章提出 TWD-HIPREDF 算法，其通过工作方式、截止期和带有三支决策结果的目标威胁度共同确定综合优先级。

在 TWD-HIPREDF 算法中，利用了第 3 章目标威胁评估三支决策分类结果，假设阈值对为(α,β,γ)，若$p_{tk}\geqslant\alpha$，则目标被划分到有威胁区域，目标威胁等级很高；若$p_{tk}\leqslant\beta$，则目标被划分到无威胁区域，目标威胁等级很低，甚至可以忽略；若$\beta<p_{tk}<\alpha$，则目标被划分到潜在威胁区域，目标在下一时刻很有可能转移到有威胁区域或者无威胁区域，需要重点观察。所以，对于不同区域的目标，应该采取不同的策略。将目标威胁度引入到综合优先级规划时，应根据目标所处的威胁区域的不同，赋予其相应的权重。引入带有三支决策的目标威胁度后，一级优先级的计算方式如下：

$$\lambda_{tk}=\begin{cases}\lambda_{\alpha}, & p_{tk}\geqslant\alpha\\ \lambda_{\beta}, & p_{tk}\leqslant\beta\\ \lambda_{\gamma}, & \beta<p_{tk}<\alpha\end{cases}$$

其中，λ_{α}、λ_{β}和λ_{γ}的值根据实际情况确定。

在确定了一级优先级后，根据一级优先级的结果和截止期确定二级优先级。综合优先级的二级优先级规划的准则主要有以下两条：

(1) 截止期越早的任务优先级越高；

(2) 重要性越高的任务优先级越高。

确定二级优先级的方法是设计优先级表，把目标一级优先级和任务截止期结合起来。在一个调度时间周期里，令每一个任务按照一级优先级从小到大和截止期从后到前排序，第i个任务在一级优先级队列中的位置为n，在截止期队列中为m，m和n越大，优先级越高，据此确定综合优先级函数如式(6-38)所示：

$$\text{pric}=\alpha m+(1-\alpha)n \tag{6-38}$$

其中，pric 为综合优先级。pric 越大，任务的优先级越高，会更快被雷达调度。

6.5.2　调度策略

为了充分利用时间资源，在确定了任务的综合优先级后，要根据调度策略确定任务是否执行，如果执行的话，则需要确定执行时刻。根据时间调度算法，在一个调度间隔内，按照综合优先级的大小安排任务请求，算法的流程图如图 6-10 所示，具体步骤如下所示。

(1) 对任务的起始数据进行定义，如申请任务的长度 N_r、时间 t_p 和结束时刻 t_e，并且设 $i=0$。判断调度是否结束，如果结束，则转到步骤(7)；否则转到步骤(2)。

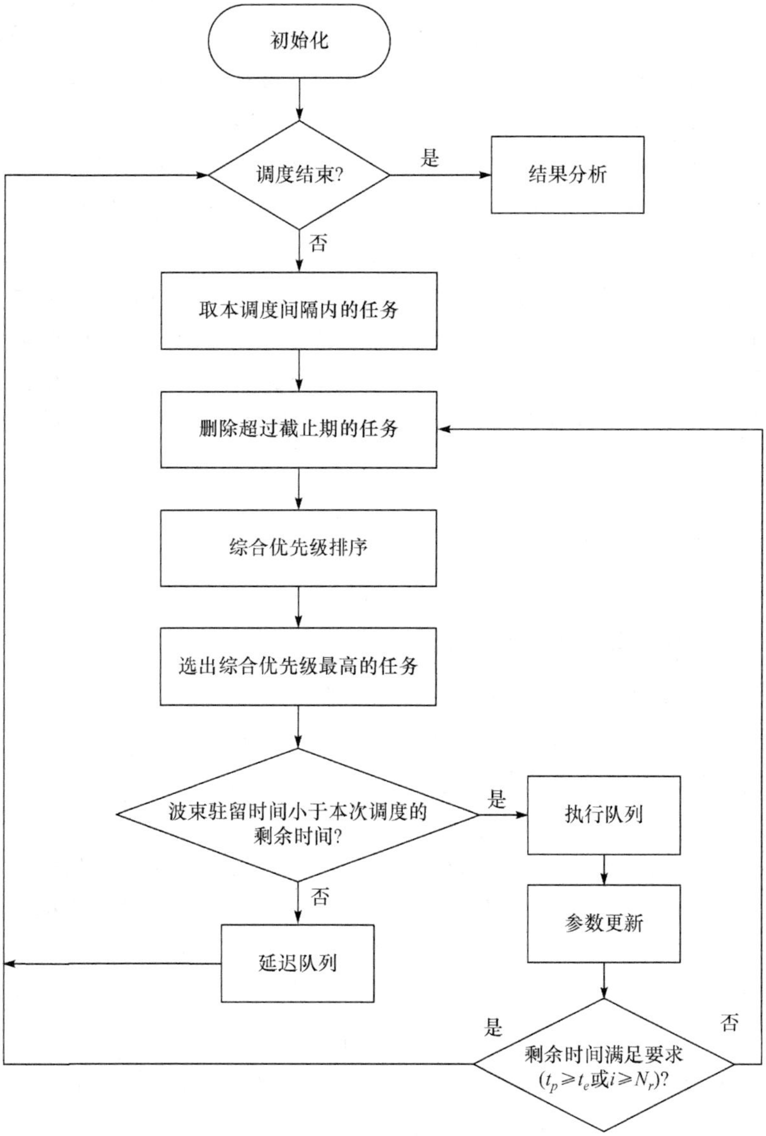

图 6-10　TWD-HIPREDF 雷达调度算法流程图

(2) 删除申请队列中任务截止期小于t_p的任务，并且统计其数量，将其记为M，令$i=i+M$。

(3) 在申请任务队列中取出最早可执行时刻不大于t_p的任务，求出其综合优先级并且排序，在其中选出综合优先级最高的任务，并将其记为T。

(4) 若任务T的波束驻留时间小于本次调度的剩余时间，则将其移动到执行队列，更新参数$t_p=t_p+t_{dw}$，t_{dw}为驻留时间，令$i=i+1$；否则将其移动到延时队列，转到步骤(6)。

(5) 若$t_p \geqslant t_e$或者$i \geqslant N_r$，则转到步骤(6)；否则转到(2)。

(6) 遍历余下所有的任务，如果其符合延时的要求，则将其移动到相应的列表里，并且令$t_{aj}=t_e$，$t_{wj}=t_{wj}-(t_e-t_{aj})$；否则，将其移动到删除队列。

(7) 调度结束，得到执行队列、延时队列和删除队列，分析数据。

通过调度算法得到执行队列、延时队列和删除队列后，按照顺序依次执行各个雷达任务。根据任务执行时的不同情况，对雷达任务所处的状态进行调整。雷达各个状态之间满足一定的转化关系。

雷达执行队列里的任务在该调度间隔会被执行，执行后，任务的类型会发生相应的改变，具体转化关系如下所示。

(1) 当雷达任务为搜索类型时，若探测到目标，则变为确认类型；若未探测到目标，则雷达任务保持为搜索类型。

(2) 当雷达任务为确认类型时，若探测到目标，则变为跟踪类型；若未探测到目标，则变为搜索类型。

(3) 当雷达任务为跟踪类型时，若探测到目标，则维持跟踪类型；若未探测到目标，则对于稳定跟踪任务(跟踪次数大于三次)来说，会变为失跟类型，对于非稳定跟踪的任务，则不会变为失跟类型。

(4) 当雷达任务为失跟类型时，若探测到目标，则变为跟踪类型；若未探测到目标，则变为搜索类型。

雷达延时队列里的任务在该调度间隔里并不会被执行，而是被延迟到下一个调度间隔，所以雷达任务的类型并不会发生改变。而雷达删除列表里的任务则不同，若跟踪类型的任务被删除，当跟踪次数小于等于两次时，则不会产生失跟处理。

6.5.3　性能评估

相控阵雷达资源管理主要是针对事件和能量资源的管理，在设计调度算法时需要考虑以下几条原则。

(1) 优先级原则。雷达时间资源并不是无限的，在这种情况下应该尽量完成优先级较高的任务。

(2) 时间利用原则。任务调度应尽量提高时间的利用效率，在每一个调度间隔里应调度尽可能多的任务，用公式来描述该原则如下：

$$\left(\mathrm{SI}-\sum_{i=1}^{N_{\mathrm{suc}}}\Delta t_i\right)\to 0 \tag{6-39}$$

其中，SI 为一个调度的总时长；N_{suc} 为调度成功的任务的总数；Δt_i 为第 i 个调度成功的任务的驻留时间。

(3) 期望时间原则。该原则指任务的真实执行时刻 t_{si} 应与期望执行时刻 t_{ei} 尽量接近，即

$$\left|t_{si}-t_{ei}\right|\to 0 \tag{6-40}$$

一般情况下，调度算法会按照依次递减的重要程度满足上述 3 个原则。同时，还需要用一些指标来评估相控阵雷达调度算法性能和有效性，这些性能指标主要如下所示。

(1) 总调度任务成功率(SSR)：

$$\mathrm{SSR}=N_{\mathrm{suc}}\,/\,N_{\mathrm{total}} \tag{6-41}$$

其中，N_{total} 表示请求调度的任务的总数。

(2) 各类调度任务成功率(SSR_i)：

$$\mathrm{SSR}_i=N_{\mathrm{suc}i}\,/\,N_{\mathrm{total}i} \tag{6-42}$$

其中，$i=1,2,3,4$，分别表示 4 种雷达任务；$N_{\mathrm{total}i}$、$N_{\mathrm{suc}i}$ 分别表示第 i 种任务的调度数量和执行数量。

(3) 时间利用率(TUR)：

$$\mathrm{TUR}=\frac{1}{T}\sum_{i=1}^{N_{\mathrm{suc}}}\Delta t_i \tag{6-43}$$

其中，Δt_i 为第 i 个调度成功任务的驻留时间；T 为总时间长。

(4) 时间偏移率(ATSR)：

$$\mathrm{ATSR}=\frac{1}{N}\sum_{i=1}^{N}\frac{|t_{si}-t_{ei}|}{W_i} \tag{6-44}$$

其中，N 为调度成功任务数；W_i 为第 i 个成功调度任务的时间窗长。

(5) 执行威胁率(TRE)：

$$\mathrm{TRE}=\sum_{i=1}^{N_{\mathrm{suc}}}P_{si}\Big/\sum_{i=1}^{N_{\mathrm{sum}}}P_{ti} \tag{6-45}$$

其中，P_{ti}、P_{si} 分别表示第 i 个调度任务和第 i 个调度成功任务的威胁度。

6.5.4 任务调度仿真实验分析

在仿真实验中，相控阵雷达共有搜索、确认、跟踪、失跟四种任务，四种任务设计的参数如表 6-2 所示。

表 6-2　雷达任务参数表

任务	工作方式	驻留时间/ms	时间窗/ms	更新率
确认	4	6	20	100
失跟	3	6	30	200
跟踪	2	2	50	200
搜索	1	6	100	20

仿真时，在雷达搜索扇区内产生一定数量的目标，并且匀速向雷达运动，当目标进入雷达探测范围后，以一定的概率被雷达搜索到。雷达采用搜索加跟踪的工作方式对目标进行探测，根据探测结果实时改变雷达任务的状态。

雷达任务调度间隔为 50ms，仿真时长为 500 个调度间隔，即 25s。仿真时总的目标数量为 10～90 个，目标数量从 10 个起开始增加，每增加 10 个目标进行 100 次仿真，对结果取平均值。分别对 HIPREDF 调度算法、THIPREDF 调度算法和 TWD-HIPREDF 调度算法进行仿真，根据性能评估指标衡量 3 种算法的性能，对比其差异。后两种算法需要用引入目标威胁度，目标威胁度的计算参考第 3 章的算法，雷达任务的任务参数根据表 6-2 确定。

根据上述参数设置，分别对 3 种算法的雷达调度进行了实验仿真，采用多种指标对其调度性能进行考核，得到的性能参数如表 6-3～表 6-5 所示。

表 6-3　HIPREDF 调度算法性能参数

目标数	参数						
	调度成功率	搜索截止期错失率	失跟截止期错失率	跟踪截止期错失率	确认截止期错失率	时间利用率	执行威胁率
10	0.99845	0	0	0	0	0.32232	0.99796
20	0.99748	0	0	0	0.0102	0.64592	0.99797
30	0.9965	0.00218	0	0	0.03046	0.89232	0.99812
40	0.99178	0.02154	0.00165	0	0.05055	0.95784	0.99602
50	0.98601	0.0746	0	0.00073	0.06594	0.9588	0.99473
60	0.95872	0.21517	0.0016	0.0148	0.07859	0.95904	0.97849
70	0.67917	0.5866	0.09883	0.18936	0.12748	0.95896	0.80429
80	0.54817	0.67375	0.28253	0.2193	0.20579	0.95864	0.74586
90	0.48166	0.74112	0.3	0.2268	0.2119	0.95888	0.73533

表 6-4　THIPREDF 调度算法性能参数

目标数	参数						
	调度成功率	搜索截止期错失率	失跟截止期错失率	跟踪截止期错失率	确认截止期错失率	时间利用率	执行威胁率
10	0.99845	0	0	0	0	0.32216	0.99838
20	0.99709	0	0	0	0.01107	0.6408	0.99760
30	0.99521	0	0	0	0.03209	0.88528	0.99653
40	0.99151	0.02377	0	0.00055	0.05022	0.95712	0.99588
50	0.98362	0.07450	0	0.00259	0.07353	0.9588	0.99329
60	0.95952	0.23299	0.00082	0.00945	0.08561	0.95904	0.98812
70	0.71052	0.57587	0.04827	0.15047	0.16600	0.95896	0.88677
80	0.53739	0.66999	0.23935	0.20911	0.27924	0.95864	0.78042
90	0.48949	0.73853	0.26154	0.21570	0.31462	0.95888	0.75809

表 6-5　TWD-HIPREDF 调度算法性能参数

目标数	参数						
	调度成功率	搜索截止期错失率	失跟截止期错失率	跟踪截止期错失率	确认截止期错失率	时间利用率	执行威胁率
10	0.99846	0	0	0	0	0.32848	0.99810
20	0.99747	0	0	0	0.01056	0.64272	0.99851
30	0.99609	0	0	0	0.02919	0.89728	0.99762
40	0.99261	0.02144	0.00079	0	0.05516	0.95712	0.99672
50	0.98365	0.08347	0	0.00240	0.07066	0.9588	0.99417
60	0.96157	0.21322	0	0.01034	0.08451	0.95904	0.98746
70	0.72933	0.55824	0.08936	0.12965	0.16890	0.95896	0.89958
80	0.57517	0.68230	0.18973	0.18316	0.19851	0.95864	0.83384
90	0.47078	0.72759	0.32698	0.22438	0.29910	0.95888	0.76992

为了更直观地比较 3 种调度算法在性能上的差异，下面根据表格中的参数，画出了 3 种调度算法的调度成功率、跟踪任务截止期错失率、时间利用率和执行威胁率对比图。

图 6-11 为 3 种调度算法的调度成功率对比图，由图可知，在目标数量小于 40 时，3 种调度算法的调度成功率基本能达到百分之百；当目标数量达到 40 时，调度成功率开始下降；当目标数量达到 90 时，调度成功率已经不足 50%。随着目标数量的增加，3 种算法的调度成功率下降趋势相近，TWD-HIPREDF 调度算法的调度成功率高于 THIPREDF 调度算法，二者都高于 HIPREDF 算法。说明在目标数量大于 60 时，本章提出的 TWD-HIPREDF 算法有更高的调度成功率。

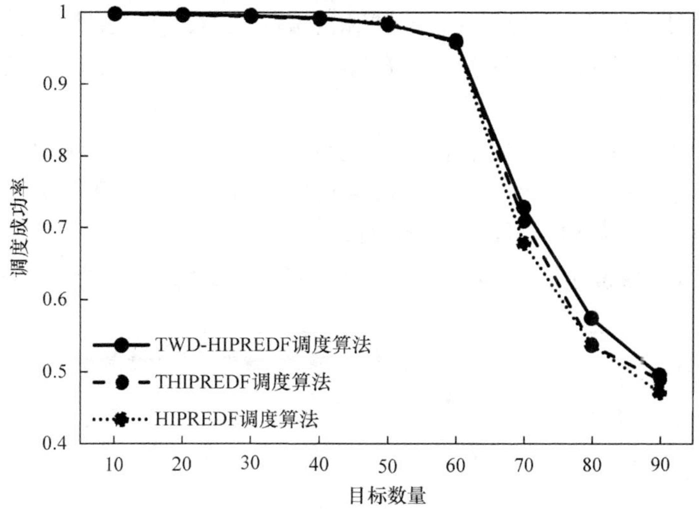

图 6-11　调度成功率对比图

图 6-12 为 3 种调度算法的跟踪任务截止期错失率对比图，由图可知，在目标数量小于 40 时，3 种调度算法的跟踪任务截止期错失率几乎为 0；当目标数量大于 40 后，跟踪任务错失率逐渐开始增加；当目标数量超过 60 时，跟踪任务错失率有明显的上升。本章提出的 TWD-HIPREDF 调度算法的跟踪任务截止期错失率明显低于 THIPREDF 调度算法，二者都低于 HIPREDF 调度算法。结果说明，将目标威胁度引入综合优先级的确定过程中，使算法能调度更加重要和紧急的调度任务，进而提高跟踪任务的总体调度成功率。而 TWD-HIPREDF 调度算法又进一

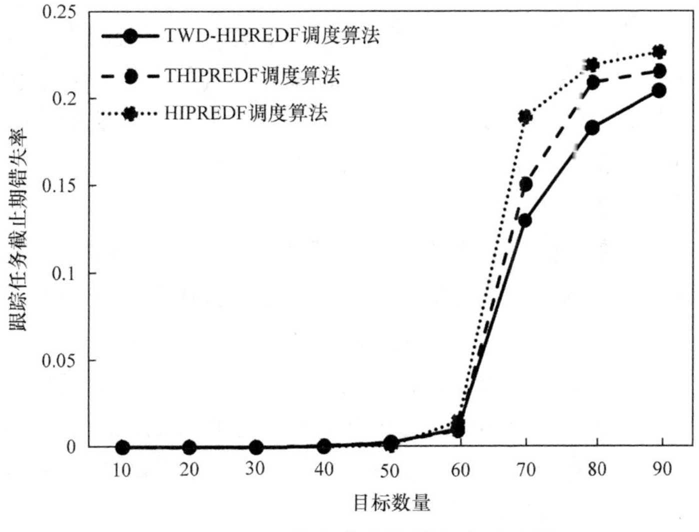

图 6-12　跟踪任务截止期错失率对比图

步将目标威胁度分为有威胁、潜在威胁和无威胁三类，在将威胁度引入综合优先级规划的过程中，根据目标威胁程度的不同，为威胁度引入不同的权重，能够有效地调度更为重要的任务。

由图 6-13 可以看出，当目标数量小于 40 时，三种调度算法的时间利用率皆随着目标数量的增加而增加；在目标数量超过 40 后，3 种调度算法的时间利用率保持稳定，在 96%左右，而且几乎不再改变。所以 3 种算法对于时间的利用率几乎相同，在目标数量超过 40 以后，三者都能对时间资源进行充分利用。

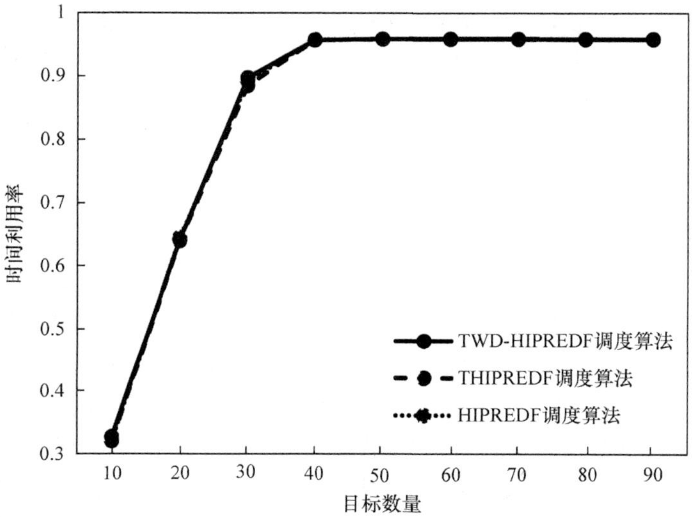

图 6-13　时间利用率对比图

由图 6-14 可知，在目标数量小于 40 时，3 种调度算法的执行威胁率基本能达到百分之百；当目标数量达到 40 时，执行威胁率开始下降；在目标数量为 40～90 之间时，TWD-HIPREDF 调度算法和 THIPREDF 调度算法的执行威胁率都明显高于 HIPREDF 算法，说明将威胁度引入调度算法中，能明显提高对于威胁度较高目标的任务调度。

同时还发现，在目标数量为 40～90 之间时，与 THIPREDF 调度算法相比，TWD-HIPREDF 调度算法的执行威胁率更高。本章提出的算法考虑到不同威胁区域的目标的重要程度不同，在将其威胁度引入综合优先级时，根据其所在区域为威胁度赋予相应的权重。对于有威胁的目标，赋予其大于 1 的权重；对于潜在威胁区域的目标，赋予其大小为 1 左右的权重；对于低威胁区域的目标，其权重应小于 1。这样能够舍弃一些低威胁目标的跟踪，从而提高对高威胁目标的跟踪，总体上提高对有价值目标的跟踪。

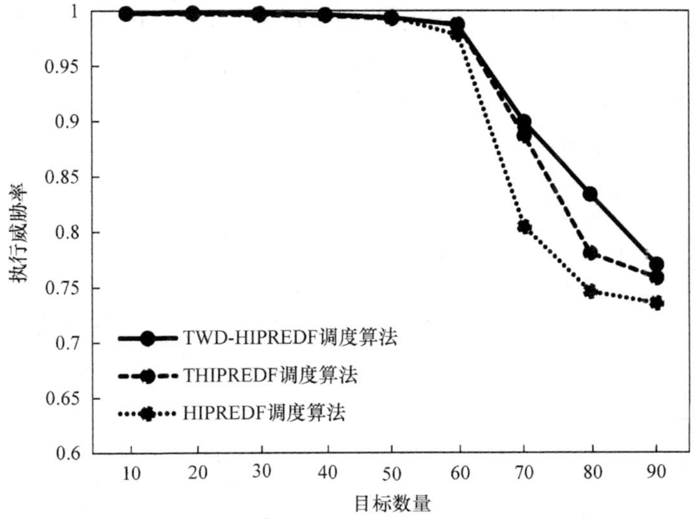

图 6-14　执行威胁率对比图

为了进一步证明引入三支决策后的综合优先级规划下的雷达自适应调度算法能够更好地提高对有高威胁区域的目标的跟踪性能,本节还分析了另外一组数据。

当目标数量为 80 时，统计每个调度间隔内处于跟踪状态的目标数量，并对 500 个调度间隔内的目标数量求平均，得到在一个调度间隔内处于跟踪状态的目标平均数量，以衡量调度算法对于跟踪任务的性能。同时，分别统计处于有威胁区域、潜在威胁区域和无威胁区域的目标平均数量，用于衡量调度算法对于不同威胁区域目标的跟踪任务性能。统计所有的仿真数据，并将其记录在表 6-6 和图 6-15 中。同时，将位于不同威胁区域的目标占比记录在表 6-7 中。

表 6-6　每个调度间隔内处于跟踪状态的目标平均数量

调度算法	有威胁区域	潜在威胁区域	无威胁区域	总平均数量
HIPREDF 调度算法	3.594	12.178	22.912	38.684
THIPREDF 调度算法	3.944	13.916	20.07	37.93
TWD-HIPREDF 调度算法	4.424	15.778	20.356	40.558

为了更直观的对比三种算法的差异，将表 6-6 的数据表示在图 6-15 中。

对比图 6-15 中 3 种调度算法在有威胁区域、潜在威胁区域和无威胁区域跟踪到的目标数量，发现与传统 HIPREDF 调度算法相比，TWD-HIPREDF 调度算法和 THIPREDF 调度算法均能跟踪到更多的有威胁区域和潜在威胁区域的目标，以及更少的无威胁区域的目标。同时，表 6-7 中的数据也表明，与传统 HIPREDF

调度算法相比，TWD-HIPREDF 调度算法和 THIPREDF 调度算法下有威胁区域和潜在威胁区域目标的占比更高，无威胁区域目标的占比更低。说明将目标威胁度引入综合优先级的确定中，能够提高对于有价值的目标的跟踪性能，降低无威胁或者低威胁目标的跟踪性能。

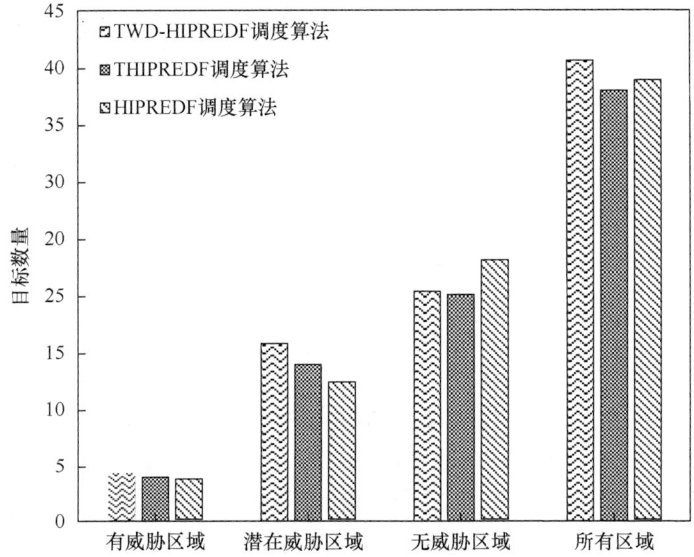

图 6-15　处于跟踪状态的目标数量对比图

表 6-7　每个调度间隔内不同区域处于跟踪状态目标占比

调度算法	有威胁区域	潜在威胁区域	无威胁区域
HIPREDF 调度算法	0.093	0.315	0.592
THIPREDF 调度算法	0.104	0.367	0.529
TWD-HIPREDF 调度算法	0.109	0.389	0.502

对比表 6-6 中 TWD-HIPREDF 调度算法与 THIPREDF 调度算法在有威胁区域、潜在威胁区域和无威胁区域跟踪到的目标数，发现 TWD-HIPREDF 调度算法在有威胁区域和潜在威胁区域内均能跟踪到比 THIPREDF 算法更多的目标。同时还发现，与 HIPREDF 算法相比，THIPREDF 调度算法下的目标总数有所下降，而 TWD-HIPREDF 调度算法下目标总数更高，说明 TWD-HIPREDF 算法能够弥补 THIPREDF 算法会降低跟踪目标总数的不足。说明，引入带有三支决策的威胁评估结果之后的调度算法能够在保证对总体目标的跟踪数量不降低的前提下，增加高威胁目标的占比，提高对于高威胁目标的跟踪性能。

6.6 本章小结

本章首先介绍了相控阵雷达的基础知识,建立了相控阵雷达的功能仿真模型,为后续仿真打下基础，并将第 3 章的威胁评估的三支决策结果引入到相控阵雷达资源分配中，提出了新的相控阵雷达驻留时间分配算法和任务调度算法。通过实验仿真验证，对比已有算法，证明了本章提出的算法的优势，可有效提高相控阵雷达的资源利用率和对高威胁目标的跟踪能力，显著提高相控阵雷达的性能。

参 考 文 献

[1] Yao Y Y. Three-way decisions with probabilistic rough sets[J]. Information Sciences, 2010, 180: 341-353.

[2] Pauker S G, Kassirer J P. The threshold approach to clinical decision making[J]. The New England Journal of Medicine, 1980, 302(20): 1109-1117.

[3] Woodward P W, Naylor J C. An application of Bayesian methods in SPC[J]. The Statistician, 1993, 42(4): 461-469.

[4] 赵文清, 朱永利, 高伟. 一个基于决策粗糙集理论的信息过滤模型[J]. 计算机工程与应用, 2007, 43(7): 185-187, 194.

[5] Li Y, Zhang C, Swan J R. An information filtering model on the web and its application in job agent[J]. Knowledge-Based Systems, 2000, 13(5): 285-296.

[6] 潘金山, 谢恺, 徐长安. 基于三支决策的高铁列车停站决策研究[J]. 交通运输工程与信息学报, 2017, 15(2): 21-28.

[7] 徐怡, 魏贵莹. 基于三支决策的多类分类模型[J]. 计算机应用与软件, 2017, 34(15): 141-146.

[8] 刘盾, 梁德翠. 广义三支决策与狭义三支决策[J]. 计算机科学与探索, 2017, 11(3): 502-510.

[9] 贾修一, 李伟, 商琳, 等. 一种自适应求三支决策中决策阈值的算法[J]. 电子学报, 2011, 39(11): 2520-2525.

[10] 贾修一, 商琳. 一种求三支决策阈值的模拟退火算法[J]. 小型微型计算机系统, 2013, 11(11): 2603-2606.

[11] 陈刚, 刘秉权, 吴岩. 求三支决策最优阈值的新算法[J]. 计算机应用, 2012, 32(8): 2212-2215.

[12] Cornelis C, Cock M D, Kerre E E. Intuitionistic fuzzy rough sets: At the crossroads of imperfect knowledge[J]. Expert Systems, 2003, 20(5): 260-270.

[13] Huang B, Zhuang Y L, Li H X. Information granulation and uncertainty measures in interval-valued intuitionistic fuzzy information systems[J]. European Journal of Operational Research, 2013, 231(1): 162-170.

[14] Liang D C, Liu D. Deriving three-way decisions from intuitionistic fuzzy decision-theoretic rough sets[J]. Information Sciences, 2015, 300(C): 28-48.

[15] 刘久兵, 张里博, 周献中, 等. 直觉模糊信息系统下的三支决策模型[J]. 小型微型计算机系统, 2018, 39(6): 1281-1285.

[16] Steinberg A, Bowman C. Rethinking the JDL data fusion model[C]//Proceedings of the 2004 MSS National Symposium on Sensor and Data Fusion. Columbia, 2004, 1: 79-97.

[17] Steinberg A. A model for situation and threat assessment[R]. Buffalo: Calspan-UB Research Center, 2006.

[18] Lambert D A. Situation for situation awareness[C]//Proceedings of the 4th International Conference on Information Fusion. Montreal, 2001: 1-7.

[19] Wright E, Mahoney S, Laskey K. Multi-entity Bayesian networks for situation assessment[C]// Proceedings of the 5th International Conference on Information Fusion. Annapolis, 2002:

804-811.

[20] Okello N, Thorns G . Threat assessment using Bayesian networks[C]//Proceedings of the 6th International Conference of Information Fusion. Cairns, 2003: 1102-1109.

[21] Stover J A, Hall D L, Gibson R E. A fuzzy-logic architecture for autonomous multi-sensor data fusion[J]. IEEE Transactions on Industrial Electronics, 1996, 43(3): 403-410.

[22] Benavoli A, Ristic B, Farina A, et al. An approach to threat assessment based on evidential networks[C]//Proceedings of the 10th International Conference on Information Fusion. Quebec, 2007: 1-8.

[23] Gonsalves P G , Burge J E, Harper K A. Architecture for genetic algorithm-based threat assessment[C]//Proceedings of the 6th International Conference of Information Fusion. Cairns, 2003: 965-971.

[24] Gonsalves P, Cunningham R, Ton N, et al. Intelligent threat assessment processor (ITAP) using genetic algorithms and fuzzy logic[C]//Proceedings of the 3rd International Conference on Information Fusion. Paris, 2000: 18-24.

[25] 曲长文, 何友, 马强. 应用多属性决策的威胁评估方法[J]. 系统工程与电子技术, 2000, 22(5): 26-28.

[26] 周林, 娄寿春, 赵杰. 基于 MADM 的威胁评估排序模型[J]. 系统工程与电子技术, 2001, 23(1): 17-19.

[27] 张堃, 周德云. 基于熵的 TOPSIS 法空战多目标威胁评估[J]. 系统工程与电子技术, 2007, 29(9): 1493-1495.

[28] 张肃. 基于灰色关联度分析的目标威胁程度评估[J]. 制导与引信, 2005, 26(3): 19-24.

[29] 余舟毅, 陈宗基, 周锐. 基于贝叶斯网络的威胁等级评估算法研究[J]. 系统仿真学报, 2005, 17(3): 555-558.

[30] 王向华, 覃征, 刘宇, 等. 径向基网络解决威胁排序问题[J]. 系统仿真学报, 2004, 16(7): 1576-1579.

[31] 李特. 信息不完全下威胁评估方法研究[D]. 西安: 西北工业大学, 2013.

[32] 付涛, 王军. 防空系统中空中目标威胁评估方法研究[J]. 指挥控制与仿真, 2016, 38(3): 63-69.

[33] 徐志伟, 卫明, 宁志敏, 等. 基于层次分析法和灰色关联分析的目标威胁度评估[J]. 科技广场, 2009, (9): 16-18.

[34] 韩城, 杨海燕, 涂从良. 空中对来袭目标威胁评估仿真研究[J]. 计算机仿真, 2017, 34(8): 54-58.

[35] 郝秦芝, 周中良, 高智敏. 基于网络分析法的空防威胁评估算法[J]. 计算机仿真, 2016, 33(9): 34-38.

[36] 王芳, 吴志泉, 史红权. SVM 在空中目标威胁值评估中的应用[J]. 火力与指挥控制, 2017, 42(9): 30-33.

[37] Ben-Bassat M, Freedy E. Knowledge requirements and management in expert decision support systems for situation assessment[J]. IEEE Transactions on Systems Man and Cybernetics, 1982, 12(4): 479-490.

[38] Carling R. Naval situation assessment using a real-time knowledge-based system[J]. Naval

Engineers Journal, 2010, 111(5): 108-113.
[39] Dahlbom A. A comparison of two approaches for situation detection in an air-to-air combat scenario[C]//International Conference on Modeling Decisions for Artificial Intelligence. Berlin: Springer, 2013: 70-81.
[40] Ahmed A A, Mohammed F M. A similarity approach for attack intention recognition using fuzzy min-max neural network[J]. Journal of Computational Science, 2018, 25: 467-473.
[41] Ansari Z, Seyyedsalehi S A. Toward growing modular deep neural networks for continuous speech recognition[J]. Neural Computing and Applications, 2017, 28(S1): 1177-1196.
[42] 和钰, 常雷雷, 姜江, 等. 基于置信规则库的防空目标意图识别方法[J]. 火力与指挥控制, 2017, 42(9): 7-12.
[43] 杨璐, 刘付显, 朱丰, 等. 基于贝叶斯推理的海战场空中目标意图分层识别方法[J]. 火力与指挥控制, 2018, 43(7): 86-93.
[44] Karelahti J, Kai V, Raivio T, et al. Modeling air combat by a moving horizon influence diagram game[J]. Journal of Guidance Control and Dynamics, 2004, 29(5): 1080-1091.
[45] Huang C, Dong K, Huang H, et al. Autonomous air combat maneuvering decision using Bayesian inference and moving horizon optimization[J]. Journal of System Engineering and Electronics, 2018, 29(1): 86-97.
[46] Ma Y, Ma X, Song X. A case study on air combat decision using approximated dynamic programming[J]. Mathematical Problems in Engineering, 2014, 2014(4): 183401-1-183401-10.
[47] Park H, Lee B Y, Tank M J, et al. Differential game based air combat maneuver generation using scoring function matrix[J]. International Journal of Aeronautical and Space Sciences, 2016, 17(2): 204-213.
[48] Austin F, Carbone G, Hinz H, et al. Game theory for automated maneuvering during air-to-air combat[J]. Journal of Guidance Control and Dynamics, 1990, 13(6): 1143-1149.
[49] 左家亮, 杨任农, 张滢, 等. 基于强化学习的空战机动智能决策[J]. 航空学报, 2017, 38(10): 321168-1-321168-14.
[50] Hubert H. Knowledge-based system of super maneuver selection for pilot aiding[J]. Aircraft, 1989, 26(12): 1111-1117.
[51] Kai V, Tuomas R, Raimo P. Theoretical approach to pilot simulation[J]. Journal of Aircraft, 1999, 36(4): 632-641.
[52] 张凤霞, 王丕宏, 李峰. 神经网络在空战决策系统中的应用分析[J]. 电光与控制, 2011, 63(1): 32-35.
[53] 朱可钦, 董彦非. 空战机动动作库设计方法研究[J]. 航天计算技术, 2001, 31(4): 50-53.
[54] Zhang Y S, Zu W, Gao Y, et al. Research on autonomous maneuvering decision of UCAV based on deep reinforcement learning[C]//Proceedings of the 30th China Control and Decision Conference. Shenyang, 2018: 13-19.
[55] 李世豪, 丁勇, 高振龙. 基于直觉模糊博弈的无人机空战机动决策[J]. 系统工程与电子技术, 2019, 41(5): 1063-1071.
[56] 奚之飞, 徐安, 寇英信, 等. 多机协同空战机动决策流程研究[J]. 系统工程与电子技术, 2019, 11(1): 13-25.

[57] Liu C L, Layland J W. Scheduling algorithms for multi-programming in a hard real-time environment[J]. Journal of the ACM, 1973, 20(1): 46-61.

[58] Miranda S L C, Baker C J, Woodbridge K, et al. Comparison of scheduling algorithms for multifunction radar[J]. IET Radar Sonar and Navigation, 2007, 1(6): 414-424.

[59] 张伯彦, 蔡庆宇. 相控阵雷达的自适应调度和多目标数据处理技术[J]. 电子学报, 1997, (9): 1-5.

[60] 张伯彦, 蔡庆宇. 相控阵雷达的计算机控制技术[J]. 系统工程与电子技术, 1999, 21(1): 15-49.

[61] 卢建斌, 胡卫东, 郁文贤. 多功能相控阵雷达实时任务调度研究[J]. 电子学报, 2006, 34(4): 732-736.

[62] Lu J B, Xiao H, Xi Z M, et al. Multifunction phased array radar resource management: Real-time scheduling algorithm[J]. Journal of Computational Information Systems, 2011, 7(2): 385-393.

[63] Lu J B, Xiao H, Xi Z M, et al. Phased array radar resource management: Task scheduling and performance evaluation[J]. Journal of Computational Information Systems, 2013, 9(3): 1131-1138.

[64] 卢建斌. 相控阵雷达资源优化管理的理论与方法[D]. 长沙: 国防科学技术大学, 2007.

[65] Huizing A G , Bloemen A F. An efficient scheduling algorithm fora multifunction radar[C]//Proceedings of the IEEE International Symposium on Phased Array Systems and Technology. Boston, 1996: 359-364.

[66] Jang D S, Choi H L, Roh J E. A time-window-based task scheduling approach for multifunction phased array radars[C]//Proceedings of the International Conference on Control, Automation and Systems. Gyeonggido, 2011: 1-6.

[67] 陈大伟, 陈明燕, 张伟. 相控阵雷达自适应调度算法仿真[J]. 信息与电子工程, 2011, 9(6): 694-697.

[68] 张浩为, 谢军伟, 张卫东, 等. 基于目标威胁度的相控阵雷达自适应调度算法[J]. 火力与指挥控制, 2016, 41(6): 100-103.

[69] 张浩为, 谢军伟, 盛川. 综合优先级规划下的相控阵雷达自适应调度方法[J]. 兵工学报, 2016, 37(11): 2163-2169.

[70] Yu Y, Petropulu A P, Poor H V. Power allocation for CS-based co-located MIMO radar systems[C]//Proceeding of the IEEE 7th Sensor Array and Multichannel Signal Processing Workshop. Hoboken, 2012: 217-220.

[71] Godrich H, Petropulu A P, Poor H V. Power allocation strategies for target localization in distributed multiple-radar architectures[J]. IEEE Transactions on Signal Processing, 2011, 59(7): 3226-3240.

[72] Rashid U, Tuan H D, Apkarian P, et al. Globally optimized power allocation in multiple sensor fusion for linear and nonlinear networks[J]. IEEE Transactions on Signal Processing, 2012, 60(2): 903-915.

彩　　图

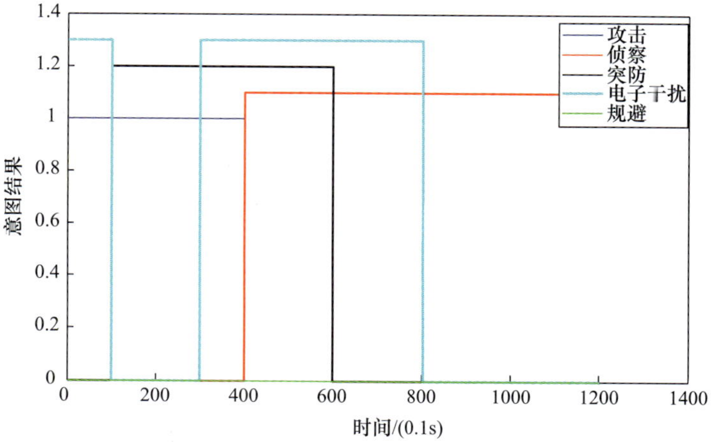

图 4-7　模型一的意图识别结果示意图(实验一)

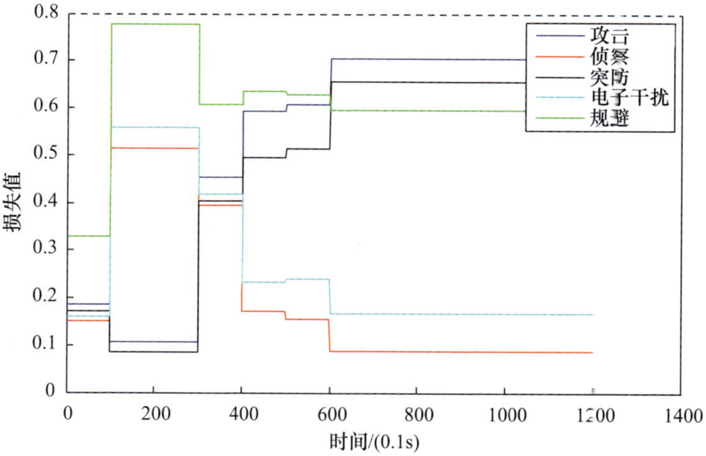

图 4-8　模型二的意图识别结果损失示意图(实验一)

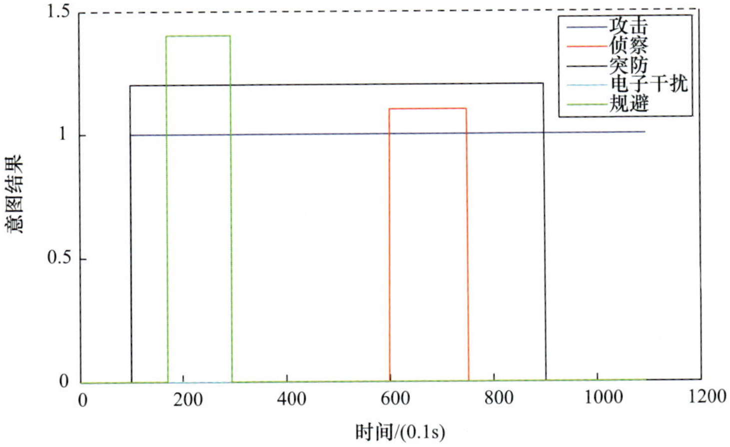

图 4-11　模型一的意图识别结果示意图(实验二)

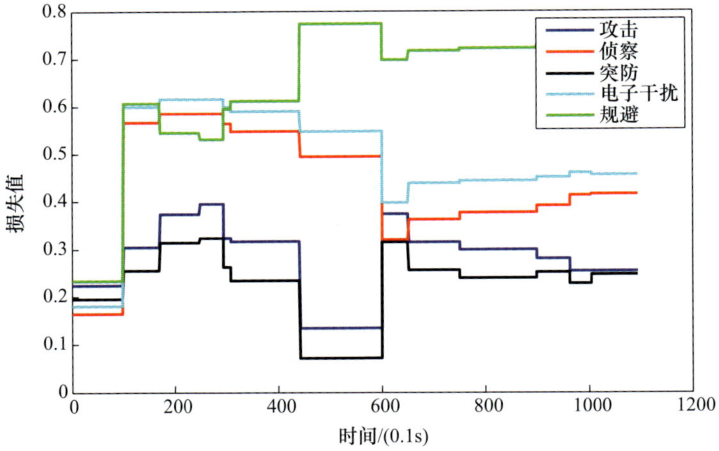

图 4-12　模型二的意图识别结果损失示意图(实验二)

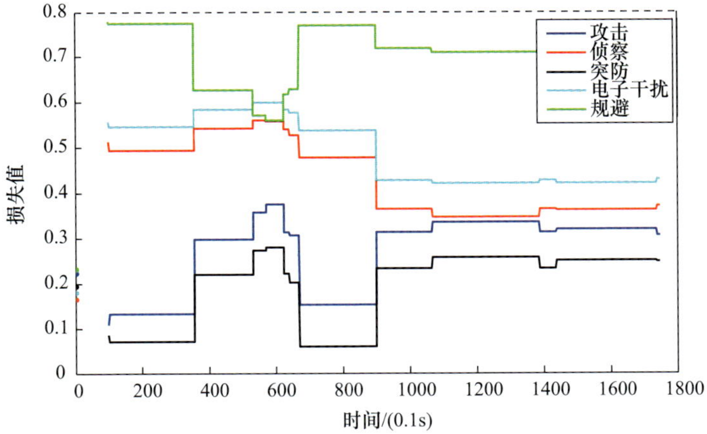

图 5-14　目标一意图识别决策结果损失图

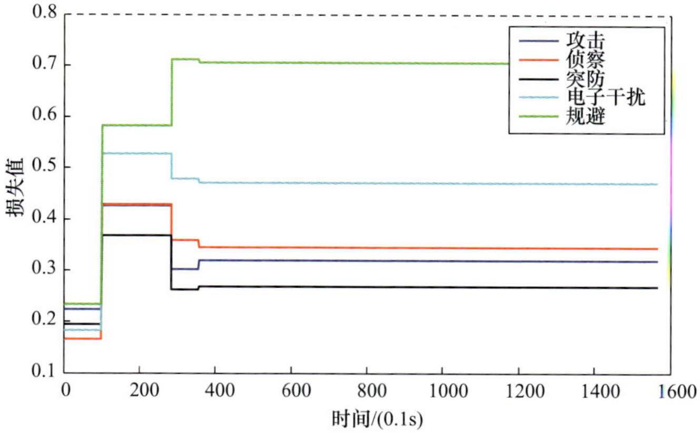

图 5-15　目标二意图识别决策结果损失图

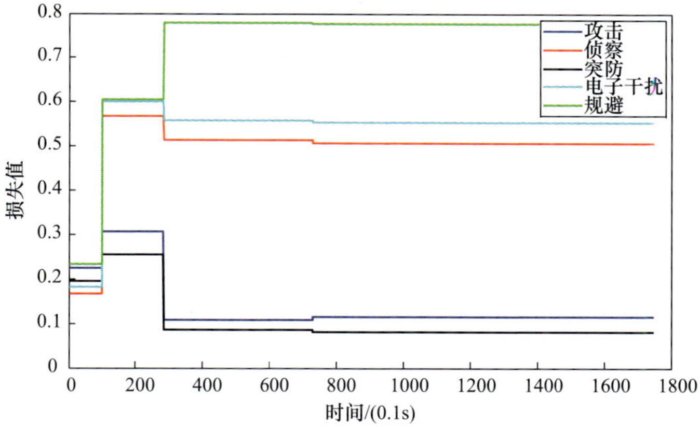

图 5-16　目标三意图识别决策结果损失图

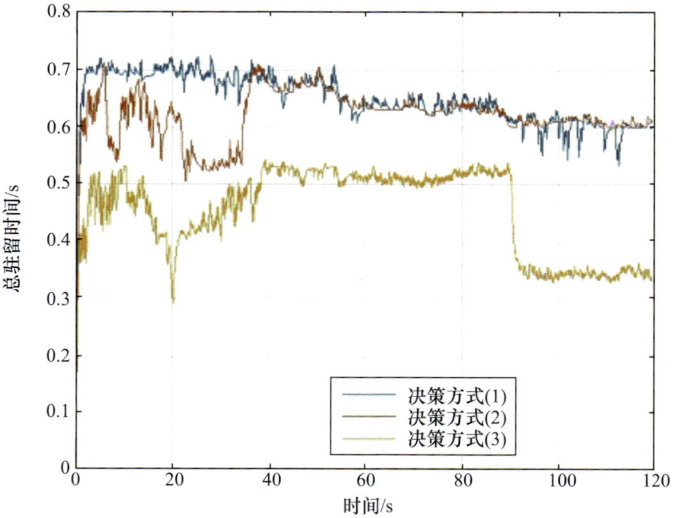

图 6-7　3 种决策方式下雷达时间利用情况

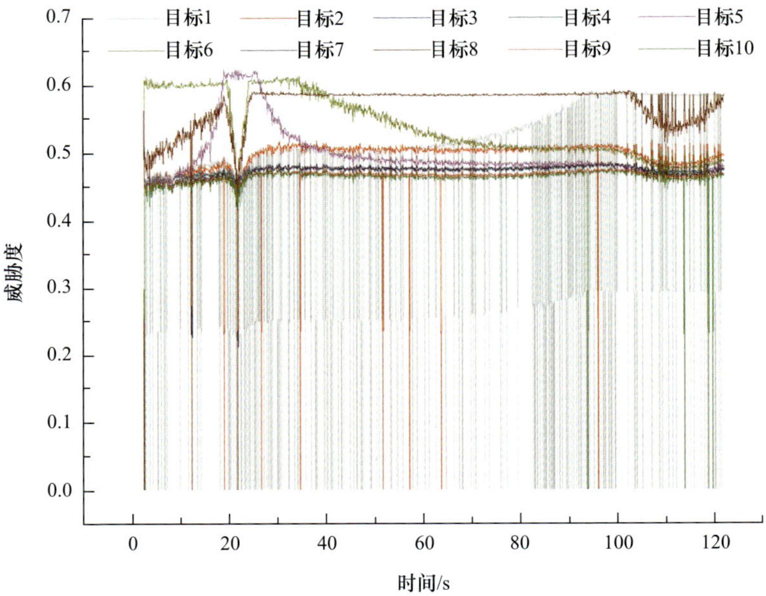

图 6-8 决策方式(1)下的目标威胁程度

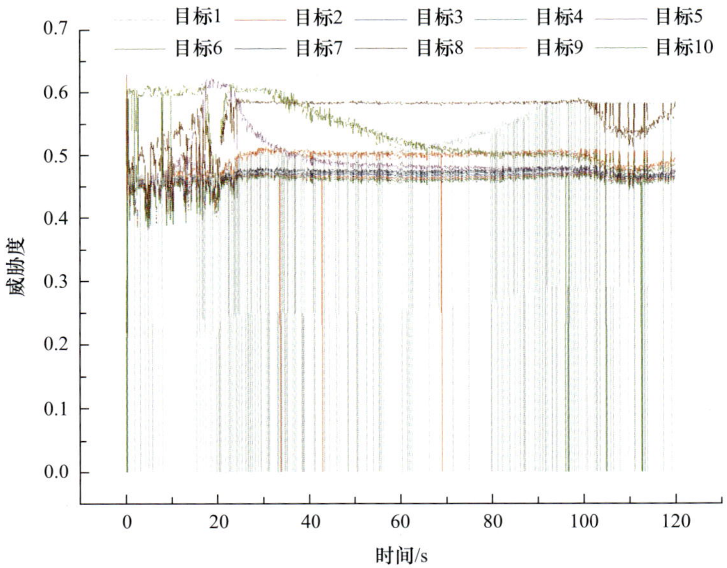

图 6-9 决策方式(2)下的目标威胁程度